AF296739

FACULTÉ DE DROIT DE LILLE

DROIT ROMAIN

DES CONDITIONS DE FORMATION

DU

CONTRAT DE FIDÉJUSSION

DROIT FRANÇAIS

DES DROITS

DU

VENDEUR DE MARCHANDISES NON PAYÉ

EN CAS DE

FAILLITE OU DE LIQUIDATION JUDICIAIRE DE L'ACHETEUR

THÈSE POUR LE DOCTORAT

PAR

Maurice DESTICKER

LICENCIÉ ÈS-LETTRES
AVOCAT A LA COUR D'APPEL DE PARIS
SECRÉTAIRE DE LA CONFÉRENCE
LAURÉAT DE LA FACULTÉ

PARIS

LIBRAIRIE NOUVELLE DE DROIT ET DE JURISPRUDENCE

ARTHUR ROUSSEAU, ÉDITEUR

14, RUE SOUFFLOT ET RUE TOULLIER, 13

1891

THÈSE

POUR LE DOCTORAT

DROIT ROMAIN

DES CONDITIONS DE FORMATION

DU

CONTRAT DE FIDÉJUSSION

DROIT FRANÇAIS

DES DROITS

DU

VENDEUR DE MARCHANDISES NON PAYÉ

EN CAS DE

FAILLITE OU DE LIQUIDATION JUDICIAIRE DE L'ACHETEUR

THÈSE POUR LE DOCTORAT

L'ACTE PUBLIC SUR LES MATIÈRES CI-APRÈS
Sera soutenu le Lundi 13 Avril 1891, à 2 heures 1/2 du soir.

PAR

MAURICE DESTICKER

LICENCIÉ ÈS-LETTRES
AVOCAT A LA COUR D'APPEL DE PARIS
SECRÉTAIRE DE LA CONFÉRENCE
LAURÉAT DE LA FACULTÉ

PARIS

LIBRAIRIE NOUVELLE DE DROIT ET DE JURISPRUDENCE

ARTHUR ROUSSEAU, ÉDITEUR

14, RUE SOUFFLOT ET RUE TOULLIER, 13

1891

FACULTÉ DE DROIT DE LILLE

ENSEIGNEMENT :

MM.

DRUMEL (✻, O. I. P. ✿), Doyen, Professeur de Droit romain et chargé d'un cours de Pandectes, Membre du Conseil supérieur de l'Instruction publique.

DANIEL DE FOLLEVILLE (O. I. P. ✿), Professeur de Code civil.

FÉDER (O. I. P. ✿), Professeur de Code civil et chargé d'un cours sur une matière approfondie du Droit français.

GARÇON (O. A. ✿), Professeur de Législation criminelle, chargé en outre d'un cours d'Histoire du Droit romain et du Droit français, pour le doctorat.

VALLAS (O. A. ✿), Professeur de Code civil et chargé d'un cours de Législation industrielle,

LACOUR (O. A. ✿), Professeur de Droit commercial terrestre et chargé d'un cours de Droit commercial maritime.

ARTUR (O. A. ✿), Professeur de Procédure civile et chargé d'un cours spécial pour le doctorat, sur les saisies.

BOURGUIN (O. A. ✿), Professeur de Droit administratif et chargé d'un cours de Droit constitutionnel.

MOUCHET (A. ✿), Professeur de Droit romain.

JACQUEY (A. ✿), Professeur adjoint, chargé du cours d'Histoire générale du Droit français public et privé et d'un cours de Droit des gens.

BARTIN, Agrégé, chargé du cours de Droit international privé et de science financière.

DESCHAMPS, Agrégé, chargé du cours d'Économie politique.

ADMINISTRATION :

MM.

DRUMEL (✻, O. I. P. ✿), Doyen.

FÉDER (O. I. P. ✿), Assesseur du Doyen

PROVANSAL (O. I. P. ✿), Secrétaire.

JURY D'EXAMEN:

PRÉSIDENT : M. LACOUR

SUFFRAGANTS :
{ M. DRUMEL, Professeur-Doyen.
{ M. GARÇON, Professeur.
{ M. JACQUEY, Professeur-Adjoint.

A MON PÈRE

DROIT ROMAIN

DES CONDITIONS DE FORMATION

DU

CONTRAT DE FIDÉJUSSION

INTRODUCTION

Pour protéger une créance contre les dangers éventuels de l'insolvabilité du débiteur, la loi ou le créancier en assurent l'acquittement au moyen de garanties particulières désignées sous la dénomination générale de cautionnement.

Le cautionnement peut être réel ou personnel.

Le cautionnement réel, le gage ou l'hypothèque par exemple, consiste dans l'affectation d'un bien déterminé, meuble ou immeuble, au paiement de la dette.

Le cautionnement personnel, qui est le cautionnement au sens restreint, consiste dans l'obligation contractée par une personne qui s'engage envers le créancier pour la même dette que le débiteur.

De nos jours, les sûretées réelles sont préférées dans

la pratique aux sûretés personnelles. Sans parler de la difficulté pour le débiteur de trouver des amis qui consentent à répondre de sa solvabilité sur leur propre fortune, le créancier trouve dans les garanties réelles plus de sécurité, n'étant pas exposé à courir les risques de la déconfiture ou de la faillite du second débiteur. Le cautionnement réel a donc, dans notre droit, une supériorité incontestable sur le cautionnement personnel.

Et pourtant celui-ci était plus en honneur à Rome et d'un usage beaucoup plus fréquent. On pourrait citer à l'appui de cette assertion bien des textes ; il suffira, pour en faire ressortir l'exactitude, de rapprocher deux lois du Digeste : la loi 14, D, XX, VI, *Quib. mod. pign. vel hypoth. solvitur* — et la loi 34, § 1, 1, D XX, I, *De pign. et hypoth.*

Dans la loi 14, Labéon nous parle d'un propriétaire qui s'est fait consentir par son fermier un gage sur les *invecta importata* pour garantir le paiement des fermages, ou du moins en attendant qu'il lui ait été donné satisfaction. Le propriétaire reçoit ensuite un fidéjusseur, et Labéon déclare qu'il lui a été donné satisfaction.

Le gage, sûreté réelle, apparaît ainsi dans ce texte comme une garantie précaire et provisoire, destinée à être remplacée par une garantie sérieuse et définitive, qui est la fidéjussion, sûreté personnelle.

La loi 34 prévoit l'hypothèse inverse ; il s'agit de remplacer une caution par une hypothèque. Le débiteur supplie le créancier de lui accorder cette substitution comme une faveur, en lui rappelant qu'il a toujours eu confiance dans sa probité. Comment expliquer cette prière et ces protestations, sinon par ce fait que les Romains voyaient dans le cautionnement personnel une garantie plus certaine que dans le gage?

Il en est d'ailleurs une preuve décisive : chaque fois que la loi et l'édit se sont préoccupés d'assurer le paiement d'une dette, ils ont exigé du débiteur une *satisdatio* et non un gage ou une hypothèque. C'est ainsi que l'obligation de fournir une *satisdatio* était imposée à l'adrogeant pour garantir la restitution des biens de l'adrogé, au tuteur, autre que le tuteur testamentaire *ac ex inquisitione*, pour assurer la bonne gestion du patrimoine du pupille. Et l'on se rappelle la longue série des cautions légales qui reçurent un nom particulier, telles que la caution mucienne, la caution *legatorum*, la caution *damni infecti*, la caution *sistendi in jure*, la caution *de rato*, et la plus connue de toutes, la caution *judicatum solvi*. Bien plus, la loi ou le préteur ne se contentaient pas d'exiger une *satisdatio* pour garantie, il était encore interdit de lui substituer une sûreté réelle. *Praetoriæ satisdationes personas desiderant pro se intervenientium ; neque pignoribus quis, neque pecuniæ, vel auri, vel argenti depositione, in vicem satisdationis fungitur.* L. 7, D. XLVI, V, *De Stip. Præt.*

La règle que cette loi formule, pour les *satisdationes* imposées par l'édit, s'appliquait sans aucun doute également aux *satisdationes* édictées par la loi.

Un seul texte semble contredire ce système : c'est le passage suivant emprunté au jurisconsulte Pomponius : *Plus cautionis in re est quam in persona.* L. 25, D. L, XVII, *De reg. jur.* Sans doute il est facile de prendre son parti de cette contradiction, en ne voulant voir dans ce fragment qu'une opinion personnelle à Pomponius. Mais il est peut-être possible de lui découvrir une toute autre signification que celle qu'on lui prête ordinairement. Il est en effet tiré du livre XI des *Commentaires* de Pomponius sur Sabinus. Or, les citations de ce livre que l'on trouve au Digeste se réfèrent toutes à des contrats et au transfert de la propriété. Il est très probable que Sabinus faisait allusion au vendeur qui n'était dépouillé de la propriété de l'objet vendu que quand il était payé (dans les ventes sans terme) ; et il faisait remarquer que le vendeur était beaucoup mieux protégé par ce droit réel qu'il avait conservé sur la chose que par la simple obligation personnelle de l'acheteur. Si cette explication n'est qu'une hypothèse, elle est au moins très plausible et elle a l'avantage de concilier des textes en apparence contradictoires (1).

Quelle que soit l'interprétation que l'on adopte sur la loi 25, tous les interprètes sont néanmoins d'accord à reconnaître qu'à Rome les sûretés personnelles l'emportaient sur les sûretés réelles.

Comment expliquer cette différence avec le droit moderne ?

C'est que précisément les sûretés personnelles présentaient à Rome le double avantage que l'on trouve aujourd'hui dans les sûretés réelles : sécurité pour le créancier, facilité pour le débiteur de se faire cautionner.

Sécurité pour le créancier — car l'exécution des obligations personnelles était assurée par des sanctions ri-

______
(1) M. Drumel, Cours de *Pandectes*, 1889.

goureuses. Tout débiteur, qu'il fut principal ou accessoire, était à l'origine tenu sur sa personne comme
sur ses biens, et l'inaccomplissement de ses engagements
pouvait le mener à l'emprisonnement et à l'esclavage.

Facilité pour le débiteur de se faire cautionner — car
ce mode de garantie s'accordait merveilleusement avec
les croyances traditionnelles. On comprend qu'à l'époque
primitive où la propriété, patrimoine ancestral, avait un
caractère religieux et sacré, les Romains devaient répu-
gner à l'engager pour obtenir du crédit, d'autant que les
devoirs de la clientèle imposaient aux clients et aux pa-
trons une impérieuse obligation d'assistance mutuelle.
(Denys d'Halicarnasse, tit. II, ch. X. Tite-Live, lib. V,
chap. 32, *in fine*. Aulu-Gelle, tit. V, ch. XIII.) Aussi l'on
s'explique aisément qu'en raison de ces rapports particuliers entre les débiteurs et les cautions, les auteurs
romains aient énergiquement flétri les débiteurs qui laissaient poursuivre les cautions quand ils pouvaient payer.
(Cic. *Epist.* XVI, 15. *Ad Atticum*, Quintilien, CCLXX, III.)

Sans doute ensuite, avec les progrès de la civilisation,
l'adoucissement des mœurs, et l'abandon des traditions,
les sûretés personnelles perdirent de leur efficacité ; les
débiteurs ne furent plus traités avec la même dureté, le
caractère religieux de la propriété s'effaça, et la clientèle
ne fut plus qu'un souvenir. Néanmoins la préférence
dont les sûretés personnelles étaient l'objet ne s'affaiblit
pas ; car si les avantages qu'elles offraient diminuèrent
peu à peu, les inconvénients du système des garanties
réelles subsistèrent jusqu'à la fin.

Dans les premiers temps, en effet, de la législation

romaine, on ne connaissait encore ni le *pignus*, ni l'hypothèque, et pour constituer une sûreté réelle, il fallait recourir au procédé rudimentaire de l'*aliénation fiduciaire*. Le débiteur transférait au créancier la propriété de l'objet qu'il voulait affecter au paiement de la créance et le créancier s'engageait par un pacte de *fiducie*, à retransférer la propriété au débiteur lorsqu'il aurait été désintéressé. En cas de non-paiement, l'objet était vendu et servait à l'acquittement de la dette.

Dans un pareil système, le créancier était absolument protégé ; mais sa protection excessive était désastreuse pour le débiteur qui, ayant perdu à la fois la propriété et la possession, par suite privé de tout espoir de fonder sur ce bien un crédit nouveau, était exposé de plus au danger d'aliénations intempestives de la part du créancier. Il avait, il est vrai, contre lui, l'action *fiduciæ directa*, mais cette action personnelle était sans effet si le créancier était insolvable.

On créa alors le *pignus* ou *gage*, qui laissait au débiteur la propriété de son bien ; mais cette fois ce fut le créancier qui fut sacrifié. N'ayant que la détention de la chose, il ne pouvait la recouvrer s'il en perdait la possession, et il n'avait pas le droit de la vendre, s'il n'était pas payé à l'échéance. Ce ne fut que très tard et par des réformes successives qu'on se décida à protéger sa possession par des interdits possessoires, et qu'il fut autorisé à vendre en cas de non-paiement. D'ailleurs la situation du débiteur n'était pas encore fort enviable, puisque, perdant la possession de la chose, il ne pouvait plus la faire fructifier ni baser sur elle aucun crédit.

L'*hypothèque*, qui apparut ensuite, ne présentait pas les mêmes inconvénients, le débiteur gardant la propriété et la possession. Pourtant les créanciers n'aimaient guère cette garantie qui eut toujours les plus graves défauts. Dans le système hypothécaire romain, tout créancier, qui n'avait pas une première hypothèque, n'avait pas le droit de vente. Il devait, pour y arriver, acquérir cette première hypothèque, en désintéressant les créanciers hypothécaires antérieurs. Or il pouvait les ignorer ou en découvrir de nouveaux, sans qu'aucune mesure de prudence pût le prémunir contre ces surprises.

L'hypothèque en effet n'était pas publique ; elle était occulte comme les transmissions de propriété. Aussi, tandis que l'acquéreur pouvait craindre d'acheter une propriété grevée de droits réels que rien ne révélait, le créancier hypothécaire redoutait des aliénations clandestines. Les débiteurs, souffrant de cette méfiance uniselle, ne pouvaient que difficilement se procurer du crédit par ce moyen suspect.

Ces vices du régime hypothécaire, qui en paralysèrent le développement dans la législation romaine, expliquent pourquoi les sûretés personnelles l'emportèrent sur les sûretés réelles.

Or, parmi les sûretés personnelles, celle qui fut la principale, tant par son usage universel que par la perfection de son organisation, fut sans contredit la *fidéjussion*.

Mais ici quelques explications sur son origine historique sont nécessaires.

Les Romains désignaient sous le nom général d'*inter-*

cessio, tout acte par lequel on obligeait sa personne ou sa chose pour garantir ou remplacer la dette d'autrui.

L'obligation personnelle du tiers qui se substituait au débiteur portait le nom d'*expromissio*. Lorsque le tiers s'engageait, non plus à la place du débiteur, mais à côté de lui, pour garantir le payement, l'*intercessio* s'appelait alors *adpromissio* (1). Nous verrons plus tard qu'outre l'*adpromissio*, il y eut deux autres formes de cautionnement personnel, le *mandatum pecuniæ credendæ* et le pacte de constitut. Gaius (III. 115) nous apprend qu'il y eut trois modes différents d'*adpromissic* qui se succédèrent historiquement, la *sponsio*, la *fidepromissio* et enfin la *fidejussio*, distincts l'un de l'autre par leur forme et leurs effets.

Le plus ancien fut la *sponsio* qui se contractait suivant la formule *Spondesne? Spondeo.* Cette formule, qui faisait partie du *jus civile*, était réservée aux seuls citoyens romains. Aussi quand la république s'agrandit, e. que les relations se multiplièrent entre romains et pérégrins, il fallut trouver un moyen de permettre à ces derniers de s'engager valablement.

C'est ici qu'il importe de faire une remarque générale sur l'influence du formalisme dans la législation romaine. Dans les législations modernes, lorsqu'un contrat présente quelques défauts révélés par la pratique ou les besoins nouveaux, on fait subir à ce contrat les corrections et modifications nécessaires. Les Romains

---

(1) Ce terme, qui n'est jamais employé dans les textes juridiques, ne se trouve que dans Festus qui le définit : *Qui, quod suo nomine promittit alter, idem pro altero quoque promittit.*

ne procédaient pas ainsi quand le vice du contrat résultait de sa forme ; ils la laissaient subsister et créaient à côté d'elle une nouvelle forme qui réalisait les progrès désirés. Ainsi tandis que, dans notre droit français, le cautionnement est unique, à Rome au contraire, il fut multiple et revêtit jusqu'à cinq formes différentes.

Aussi lorsqu'on sentit la nécessité de permettre aux pérégrins de s'engager pour autrui, on ne modifia pas la *sponsio*, on institua un second mode d'*adpromissio*, accessible aux pérégrins, la *fidepromissio*, dont la formule était : *fidepromittisne ? fidepromitto*. La *sponsio* persista néanmoins, car le *sponsor* avait son recours contre le débiteur principal assuré avec plus d'énergie et d'efficacité par la procédure de la *manus injectio* (Gaius, IV, 22).

Ces deux premières formes d'*adpromissio* présentaient les plus grands inconvénients.

D'abord elles n'étaient applicables qu'à des contrats *verbis* — *nullis obligationibus accedere possunt, nisi verborum* — nous dit Gaius (III, 119). Si donc le débiteur était obligé autrement que par un contrat *verbis*, le créancier, pour recevoir un *sponsor* ou un *fidepromissor*, devait préalablement transformer son obligation, et cette novation par changement de cause n'était pas toujours possible.

Faut-il aller plus loin et prétendre, comme on l'a soutenu, que le *sponsor* et le *fidepromissor* devaient s'engager en même temps que le débiteur principal? On a voulu tirer cette conclusion du paragraphe 3 du titre XX, lib. III des Institutes. *Fidejussor et præcedere obligationem et sequi potest.* A quoi bon, a-t-on dit, rappeler cette règle pour la fidéjussion, sinon pour établir une antithèse entre elle, et la *sponsio* et la *fidepromissio* ?

Cette conclusion est extrêmement risquée. Gaius qui compare ces trois modes d'*adpromissio* n'en parle pas, et Justinien qui en parle a supprimé la comparaison. Il est donc peu vraisemblable qu'elle lui ait suggéré cette règle du paragraphe 3, et il est bien plus probable que Justinien, au lieu de se souvenir des formes disparues, songeait au contraire aux deux formes nouvelles du *mandatum* et du constitut qui différaient sur ce point de la fidéjussion : le *mandatum*, puisqu'il ne pouvait intervenir qu'avant, et le constitut parce qu'il ne pouvait intervenir qu'après l'obligation principale. Comment enfin concilier cette prétendue règle avec les exigences de la loi *Cicereia* qui ordonnait au créancier d'indiquer d'avance et publiquement le montant de la dette principale et le nombre des cautions qu'il demandait ? Si les *sponsores* et les *fidepromissores* s'engageaient en même temps, ils ne pouvaient ignorer ni combien ils étaient, ni quelle était l'étendue de l'obligation qu'ils allaient garantir. Les déclarations prescrites par la loi *Cicereia* eussent donc été inutiles.

Si l'obligation du *sponsor* et du *fidepromissor* devait, pour prendre naissance, s'appuyer sur un contrat *verbis*, une fois née elle en était indépendante, et subsistait lors même qu'il ne dût produire ensuite aucun effet : *Quamvis interdum is qui promiserit non fuerit obligatus.* Cette indépendance complète de l'obligation principale et de l'obligation accessoire était si grande que non-seulement l'obligation accessoire pouvait subsister après la disparition de l'obligation principale, mais aussi qu'à l'inverse l'obligation accessoire pouvait s'éteindre avant l'obligation principale. L'obligation du *sponsor* et du *fidepromissor* était en effet viagère et intransmissible, à moins que le *fidepromissor* ne fût un pérégrin et que la loi nationale de ce pérégrin n'admît la perpétuité et la transmissibilité aux héritiers (Gaius, III, 120).

En outre leur obligation était temporaire ; elle ne durait que deux ans à partir de l'échéance ou du moment ou le créancier avait pu agir. (Gaius, III, 121). Cette règle venait de la loi *Furia*, applicable à l'Italie seule. Elle avait pour but de contraindre les créanciers à agir dans un délai très limité, et d'empêcher ainsi les dettes de s'accroître par l'accumulation des intérêts. Cette loi avait encore décidé que quand il y avait plusieurs *sponsores* ou *fidepromissores*, la dette se divisait de plein droit entre ceux qui vivaient encore au jour de l'échéance, qu'ils fussent solvables ou non. Les créanciers, menacés de courir les risques de leur insolvabilité, devaient se hâter de faire valoir leurs droits.

Un tel système de garanties était bien imparfait. Il y avait des réformes à accomplir, des lacunes à combler. Ce fut la fidéjussion, troisième forme d'*adpromissio*, qui réalisa ces progrès.

A quelle époque apparut-elle? Il est difficile de le préciser avec exactitude. Introduite probablement par la pratique, elle fut sans doute longtemps employée avant d'être officiellement reconnue et consacrée. Toutefois, comme la loi *Furia* de 659 de Rome n'en parle pas encore, et qu'il en est au contraire fait mention dans la loi *Cornelia* de 673, il est permis de supposer que ce fut entre ces deux lois qu'elle acquit définitivement droit à l'existence légale.

Dès lors elle se développa rapidement. Pouvant s'adapter à toute obligation préexistante quelle qu'en fut la cause, perpétuelle et transmissible, échappant aux règles désastreuses de la loi *Furia*, elle présentait sur le *sponsio* et la *fidepromissio* des avantages incontestables qui devaient assurer sa supériorité. Les deux formes primitives et rudimentaires d'*adpromissio* ne furent pas abolies sans doute, et elles subsistèrent même assez longtemps encore puisqu'elles sont citées par Gaius. Mais comme elles n'avaient plus d'autre raison d'être que le respect de la tradition, elles tombèrent peu à peu en désuétude. Au temps de Justinien, elles ont disparu définitivement, puisque, dans les Instilutes, les *adpromissores* ne sont plus désignés que sous le nom de fidéjusseurs. Les expressions anciennes de *sponsores* et de *fidepromissores* que l'on retrouve parfois dans les textes ne répondent plus à des formes distinctes et ont perdu leur signification particulière.

De cet aperçu général, une double idée se dégage nettement ; la première c'est qu'à Rome, les sûretés personnelles l'emportaient sur les sûretés réelles ; la seconde, c'est que parmi les sûretés personnelles la fidéjussion fut la plus importante. Étant à Rome la principale garantie des créances, ainsi que l'est chez nous le contrat d'hypothèque, son étude présente aussi le même intérêt. Et comme les effets que produisait la fidéjussion n'étaient presque tous que la conséquence logique des conditions de sa formation, ce sont ces conditions qu'il convient surtout de connaître et d'analyser.

PREMIÈRE PARTIE

FORME DE LA FIDÉJUSSION

Première règle. — *Il faut que le contrat soit passé
dans une certaine forme.*

On a vu que les imperfections des procédés primitifs
de cautionnement avaient conduit les Romains à chercher un autre mode d'*intercessio*. Ils le trouvèrent dans
le contrat par excellence, celui que Cujas appelle avec
raison le père de tous les autres contrats — *pandectæ
omnium contractuum*, — c'est-à-dire la stipulation.

En réalité la stipulation était moins un contrat qu'une
forme de contracter ; c'était une sorte de moule juridique où l'on jetait les conventions pour leur donner existence légale. Cette nature purement formelle de la stipulation explique l'universalité de son usage, et l'on ne
doit pas dès lors s'étonner qu'elle ait servi à constituer
le troisième mode de cautionnement : la fidéjussion.

La fidéjussion, n'étant qu'une variété de la stipulation, contrat *verbis*, consistait en une interrogation du
créancier et une réponse du débiteur (Gaius III, 116).
Le créancier s'adressait au futur fidéjusseur en ces ter-

mes : *Idem quod reus principalis debet mihi, fide tua esse jubes?* — Et la caution répondait : — *Fide mea esse jubeo.*

Cette formule de la fidéjussion se rapprochait beaucoup de celle de la novation qu'il est facile de reconstituer à peu près d'après Gaius (III, 176), et qui devait être la suivante : *Quod reus debet mihi fide tua esse jubes ? — Fide mea esse jubeo.* — Par là on voit l'extrême importance des termes employés ; un changement insignifiant en apparence dans les paroles prononcées suffisait pour transformer complètement la nature de l'*intercessio.* Plus tard la distinction entre les formes de la fidéjussion et de la novation s'affaiblit encore, quand Justinien eut déclaré que pour la novation il n'était pas nécessaire de recourir à la *solennitas verborum* ; il suffisait d'une manifestation expresse de la volonté de nover faite en termes quelconques : — *hoc naturalibus inesse rebus volumus, et non verbis extrinsecus supervenire.* — L. 8. Code VIII, XLII. *De Novat. et Deleg.*

Le formalisme s'altéra aussi pour la fidéjussion. Déjà Gaius (III, 116) se demande quel nom il faut donner à celui qui a prononcé d'autres paroles que les paroles consacrées, que le créancier a interrogé en lui disant par exemple : *Idem dabis ? Idem promittis ? Idem facies ?* — Mais il se contente de poser la question sans y répondre. De là une discussion très vive entre les interprètes, sur la nature de la solution qu'elle devait recevoir.

D'après certains auteurs, la question que posait Gaius devait porter sur le point de savoir si la personne, qui avait répondu à cette interrogation irrégulière, s'était engagée en qualité d'*adpromissor* garantissant la dette d'autrui, ou en qualité d'*expromissor* se substituant au premier débiteur. Gaius en renvoyait la solution au moment où il traiterait de la novation par changement de personnes, c'est-à-dire, de l'*expromissio*. Il est vrai qu'il n'en est plus fait mention dans la partie du commentaire relative à la novation. Mais c'est que la novation résultant avant tout de l'intention des parties, on ne pouvait dire *à priori*, d'une façon générale et absolue, si celui qui s'était engagé en ces termes avait entendu se porter *expromissor*.

Nous doutons fort que telle ait été vraiment la difficulté d'interprétation signalée par Gaius. A son époque, la formule de la novation était encore précise et nettement définie : ce ne fut que plus tard qu'elle tomba en désuétude jusqu'au moment où elle fut abolie définitivement par Justinien. De plus on chercherait vainement, dans le paragraphe 116 du troisième commentaire de Gaius, une allusion quelconque à une comparaison entre l'*adpromissio* et l'*expromissio*.

Nous ne croyons pas non plus que Gaius se soit demandé, comme d'autres interprètes l'ont soutenu, si celui qui avait répondu à l'interrogation, *idem dabis, idem facies*, devait être considéré comme un *sponsor*, un *fidepromissor* ou un *fidejussor*. Aucun doute ne devait exister sur ce point dans la pensée du jurisconsulte romain, la *sponsio* et la *fidepromissio* ayant toujours conservé les

mêmes formes dans toute la rigueur première. D'après
nous la question que pose Gaius se rattache à la décadence et à l'altération des règles impérieuses du formalisme dans la convention fidéjussoriale. Il se demande si
le répondant devait être tenu comme fidéjusseur ou n'é-
tait pas tenu du tout. Cette conjecture est d'autant plus
autorisée que des discussions analogues s'élevaient sur
la formule de la stipulation en général. Elles subirent nécessairement les mêmes transformations. Pour l'une
comme pour l'autre, on commença par admettre l'usage
de la langue grecque (Gaius III, 116, Ulpien, l. 8, pr. D.
XLVI, I à notre titre). Ce qui avait été permis pour la langue grecque le fut ensuite pour une autre langue. (L. I,
§ 6, D. XLV, I, *D. verb. oblig.*). Pour la stipulation fidéjussoriale, on dut aussi, comme pour la stipulation en général, autoriser l'emploi de langues différentes dans la
demande et la réponse, pourvu qu'elles fussent comprises
par les contractants (Inst. III, XV, I). Peut-être même
alla-t-on jusqu'à reconnaître que le fidéjusseur était valablement obligé bien qu'il n'y eût pas concordance
absolue entre la question et la réponse (l. 1, § 2 et 3 D.
XLV, I, *de verb. oblig.*). Enfin Léon en 469 supprima les
formes solennelles pour toutes les stipulations et par
conséquent aussi pour la fidéjussion. *Omnes stipulatio-
nes etiamsi non solemnibus vel directis sed quibuscun-
que verbis censensu contrahentium compositæ sunt vel
legibus cognitæ, suam habent firmitatem* (l. 10, Code
VIII, XXXVIII, *De contrah. et committ. Stip.*).

Deuxième règle. — *Il faut que le rôle d'interrogateur soit rempli par le créancier ou une personne placée sous sa puissance.*

C'est une des applications nombreuses de la règle générale qu'on ne peut stipuler pour autrui — *non stipulari ut alter suo nomine recte agat possumus* — (Paul, l. 11, D. XLIV, VII, *De oblig. et action.*). Par conséquent si un tiers qui n'est pas sous la puissance du créancier stipule pour lui du futur fidéjusseur, le créancier n'acquiert aucune action contre lui et le fidéjusseur n'est pas engagé.

Mais, de même que pour la stipulation, des exceptions vinrent tempérer la rigueur du principe.

Deux exemples nous sont donnés par les textes relatifs à l'adrogation et à la tutelle.

Adrogation. — Pour que l'hypothèse puisse se présenter en matière d'adrogation, il faut supposer que l'adrogé meurt impubère sous la puissance de l'adrogeant. Alors Antonin-le-Pieux, par sollicitude pour les anciens agnats, avait décidé que l'adrogeant devrait leur restituer la fortune de l'adrogé. Au moment de l'adrogation, l'adrogeant devait faire la promesse d'exécuter cette restitution et la garantir par des fidéjusseurs (L. 17, §5. D. I, VII, *De adopt. et emancip.*).

Mais à qui fera-t-il cette promesse ?

L'adrogé ne peut la recevoir, puisqu'elle ne doit se

réaliser qu'à sa mort, et que le droit romain, tout au
moins jusqu'à l'époque de Justinien, ne permet pas de
stipuler *post mortem suam*.

Sera-ce le plus proche agnat au moment de l'adrogation ? Non, car ce ne sera peut-être pas lui qui sera l'héritier au moment de la mort de l'adrogé. Cet héritier
est inconnu ou incertain.

Il fallait prendre un détour. Antonin recourut à une
fiction. L'esclave dans les actes juridiques peut servir
d'instrument d'acquisition pour son maître. Dès lors,
partant de cette idée que quand un esclave appartient
à plusieurs maîtres, il stipule valablement pour l'un
d'eux, il songea à faire intervenir le *servus publicus* en
le considérant comme appartenant à tous. C'était là une
dérogation aux principes du droit, car le *servus publicus*
appartenoit au peuple romain en tant que personne morale et non à chaque citoyen. Aussi l'action donnée contre l'adrogeant et les fidéjussesurs était qualifiée d'*utilis*.
(L. 40, D. XXVIII, VI, *De vulg. et pupill. substit*). Sous
Justinien, la fiction même disparut, puisque le rôle d'interrogateur était alors rempli non plus par un *servus
publicus*, mais par un *tabularius*, homme libre.

Y eut-il une autre infraction aux règles du droit ? Si
on avait omis d'exiger la promesse de l'adrogeant, il
n'en était pas moins tenu et une action utile était donnée contre lui. Mais si les paroles de la stipulation fidéjussoriale n'avaient pas été adressées aux cautions,
celles-ci devaient-elles être considérées comme obli-

gées ? Nous allons voir dans l'exemple suivant qu'on l'avait admis en matière de tutelle ; mais ici les textes nous manquent et il est fort difficile en leur absence de supposer que l'on ait étendu à notre hypothèse cette disposition exceptionnelle.

Parfois la restitution devait être faite à l'adrogé lui-même quand il était émancipé ou exhérédé par l'adrogeant. L'émancipé ou exhérédé avait une *condictio* spéciale contre l'adrogeant garantie par des fidéjusseurs interrogés par le *servus publicus* ou le *tabularius*.

Tutelle. — Les tuteurs, sauf ceux qui avaient été désignés par testament, ceux qui avaient été nommés sur enquête, *ex inquisitione*, ou qui en avaient été dispensés par le magistrat, devaient fournir une caution pour garantir la bonne gestion du patrimoine du pupille. Ils promettaient par stipulation *rem pupilli salvam fore*. Cet engagement verbal était nécessaire à l'origine pour permettre l'intervention des *sponsores* et *fidepromissores* qui ne pouvaient, comme nous l'avons vu, accéder qu'à un contrat *verbis*. Pourtant, même après l'apparition de la fidéjussion, la tradition maintint l'usage de la stipulation.

Il se présentait ici une difficulté semblable à celle qu'on rencontre en matière d'adrogation. Les fidéjusseurs devaient s'engager envers le pupille et celui-ci pouvait être incapable de parler. Aussi faisait-on intervenir un de ses esclaves, et s'il n'en avait pas, on en achetait un. Les principes le permettaient, puisqu'un esclave peut valablement contracter pour son maître. L'action donnée au pupille contre les fidéjusseurs était en conséquence une action directe.

Mais si le pupille n'avait pas d'esclave et ne pouvait en acheter, on avait recours au même détour que pour l'adrogation en faisant stipuler un *servus publicus*. On alla même beaucoup plus loin ; le magistrat put remplacer le *servus publicus* ou indiquer une personne quelconque vis-à-vis de laquelle les fidéjusseurs s'engageaient (l. 3, D. XLVI, VII, *Rom. pupill.*).

L'action, bien entendu, était alors utile et non directe. On ne s'arrêta pas encore là et on décida que les personnes présentées par le tuteur seraient tenues même sans stipulation, par la seule inscription consentie de leurs noms sur les *acta publica*, registres où étaient inscrits tous les actes accomplis par les magistrats (L. 4, § 3, D. XXVII, VII, *De fides et Nomin.*).

TROISIÈME RÈGLE. — *Il faut que le rôle de répondant soit rempli par le futur fidéjusseur ou une personne placée sous sa puissance et agissant en son nom.*

Dans le domaine de la stipulation, c'était en effet une règle absolue qu'on ne pouvait s'engager que pour soi-même. Si je promets que Titius donnera 100, Titius n'est pas obligé et je ne le suis pas non plus, car je n'ai pas promis mon fait personnel. Cette règle ne s'appliquait qu'aux contrats de droit strict, parce que dans ces contrats l'effet des conventions était la conséquence rigoureuse des termes employés. Il n'en était pas de même dans les contrats de bonne foi que le juge appréciait en s'inspirant avant tout de la volonté des parties. Cette règle rigoureuse s'appliquait à la fidéjussion, contrat de droit strict.

Par conséquent le fidéjusseur devait jouer lui-même le rôle de répondant ou une personne placée sous sa puissance (1) (l. 65, D. XLVI, 1, à notre titre).

De plus le fidéjusseur en s'engageant ne devait pas promettre le fait du débiteur, mais son fait personnel, distinction délicate quand l'obligation principale avait une obligation de *facere* ou *non facere*; comme nous aurons plus tard l'occasion de le constater.

A quel moment pouvaient être prononcées les paroles
de la stipulation fidéjussoriale ?

Un fidéjusseur pouvait intervenir après ou avant la naissance de l'obligation principale. *Adhibere fidejussor tam futuræ quam præcedenti obligationi potest* (L. 6, § 2 à notre titre).

Ainsi la fidéjussion pouvait garantir une dette qui de-

______

(1) Dans le droit primitif, en effet, les *alieni juris* furent les seuls intermédiaires par lesquels on put contracter (L. 126, § 2, D. XLV, I, *De Verb. Oblig.*). On sait que cette théorie rigoureuse fut adoucie, d'abord par le préteur qui créa les actions *exercitoria* et *institoria,* ensuite par les jurisconsultes qui, comme Papinien et surtout Ulpien, généralisèrent la réforme. Toutefois, même dans le dernier état de la législation romaine, la théorie moderne de la représentation ne fut pas admise complètement ; il resta des idées anciennes ce principe que les tiers pouvaient poursuivre le mandataire ou être poursuivis par lui. La personne du mandant ne se substituait pas à la personne du mandataire.

vait être contractée plus tard, ou une dette déjà stipulée mais dont la réalisation était reculée par suite de l'adjonction au contrat d'un terme ou d'une modalité.

Lorsque le fidéjusseur s'engageait avant le débiteur, la fidéjussion était valable, mais elle n'avait d'efficacité que si l'obligation principale était ensuite contractée et à partir de ce moment. Elle était donc affectée d'une sorte de condition, mais non d'une condition véritable puisqu'il n'y avait pas d'effet rétroactif. D'où deux différences entre cette hypothèse et celle d'une fidéjussion garantissant une dette conditionnelle.

1° La fidéjussion existe du moment où elle a été stipulée. — Donc elle peut être éteinte immédiatement et le fidéjusseur bénéficie d'une acceptilation générale consentie par le créancier que ne peut invoquer le débiteur principal dont l'obligation n'a pas encore été contractée au moment de l'acceptilation (L. 13, § 9, D. XLVI, IV, *De acceptilat.*). Au contraire s'il s'agit d'un fidéjusseur garantissant une dette conditionnelle, l'acceptilation entraîne à la fois la libération du débiteur et du fidéjusseur à partir de la réalisation de la condition, en raison de son effet rétroactif (L. 13, § 7 et 16, D. XLVI, IV, *De acceptilat.*). Rappelons toutefois qu'il est un cas où le débiteur d'une dette conditionnelle ne pouvait être libéré par une acceptilation antérieure à la réalisation de la condition. C'est dans l'hypothèse d'un legs conditionnel; car, dans la matière des legs, la condition accomplie ne produisait pas d'effet rétroactif. On se plaçait non au jour de la mort du testateur ou de la confection du testament, mais au jour de l'arrivée de la condition (L. 13, § 8, D. XLVI, IV, *De acceptilat.*).

2° La fidéjussion ne produit d'effets qu'à partir de la naissance de l'obligation principale.

Ainsi une personne veut s'obliger envers un fils de famille ; elle fournit un fidéjusseur ; mais l'obligation principale n'est contractée qu'après la sortie de puissance du fils de famille. La fidéjussion ne profite pas au père, car elle n'est efficace qu'à partir du moment où l'obligation principale a pris naissance, c'est-à-dire après la sortie de puissance, lorsque les bénéfices de l'obligation ne peuvent plus être acquis au père. Au contraire, si la fidéjussion avait garanti une dette conditionnelle, la condition accomplie rétroagissant, le bénéfice de l'obligation était acquis au père, et par suite le fidéjusseur était engagé envers lui (L. 78, D. XLV, I, *De verb. obligat.*).

LA LOI CICEREIA.

On sait que loi *Furia* pour l'Italie, la loi *Apuleia* pour les provinces répartissaient la charge de la dette entre les *adpromissores* proportionnellement à leur nombre. Une loi dont le nom est resté illisible dans le manuscrit de Vérone, et que quelques-uns appellent *Cicereia*, vint alors imposer au créancier l'obligation de déclarer aux *adpromissores* avant de les interroger (*prædicere palam et declarare*) quel était l'objet de la dette qu'il voulait leur faire garantir et quel était le nombre des cautions. Grâce à cette *prædictio*, les futurs *adpromissores* pouvaient se rendre compte immédiatement de la nature et des limites de leur engagement.

Cette loi, applicable d'abord uniquement aux *sponsores* et aux *fidepromissores*, fut étendue par la pratique aux fidéjusseurs. Elle présenta en effet pour eux la même utilité, du jour où ils purent, soit invoquer le bénéfice de division organisé par un rescrit d'Hadrien, soit, après avoir payé toute la dette, obtenir du créancier la cession de ses actions contre les cofidéjusseurs.

Il est à croire que l'application de la loi *Cicereia* n'empêchait pas le créancier, qui avait reçu un *adpromissor*, d'en recevoir ensuite un second. D'abord le premier *adpromissor* ne pouvait s'en plaindre, et le suivant était averti par la *prædictio* de l'étendue de son cautionnement. Ensuite, si tous les *adpromissores* avaient dû s'engager en même temps, la déclaration exigée du créancier par la loi *Cicereia* eut été sans objet, comme nous l'avons déjà fait remarquer dans le chapitre précédent.

Quelles étaient les conséquences de l'inexécution de cette formalité? Gaius nous les indique dans le paragraphe 123 de son troisième commentaire. La sanction de la loi consistait en un *præjudicium* ou action préjudicielle ; les *adpromissores* poursuivis pouvaient préalablement poser au juge cette question : — Les déclarations exigées par la loi *Cicereia* ont-elles été faites par le créancier ? Si le juge répondait négativement, l'action ne pouvait être intentée contre eux ; ils étaient libérés.

On voit ainsi que l'exécution des formalités édictées par la loi *Cicereia* constituait une des conditions de validité du contrat de fidéjussion.

Telles étaient les règles de forme qui présidaient à la naissance de l'obligation fidéjussoriale. Avec nos idées modernes qui nous portent à exclure le formalisme des contrats, ces solennités et ces rites nous surprennent au premier abord. Ils avaient pourtant leur utilité. A une époque où l'usage de l'écriture était peu répandu, la présence des témoins à l'acte permettait de faire plus tard la preuve du contrat en cas de constestation, et la formule très simple et très précise qu'ils entendaient les aidait à retenir la nature et les conditions des obligations contractées.

Ce qui le prouve, c'est que l'usage de la forme solennelle diminua quand, avec les progrès de la civilisation, on prit l'habitude de constater les actes par écrit. Ainsi, au temps d'Ulpien, le jurisconsulte déclare que l'engagement par écrit faisait présumer que l'interrogation et la réponse de la stipulation fidéjussoriale avaient eu lieu : *Sciendum est generaliter, si quis se scripserit fidejussisse, videri omnia solenniter acta.* (L. 30, D. XLV, I. *De verb. oblig.*). Dès lors la preuve incombait au fidéjusseur qui ne se prétendait pas engagé ; il devait démontrer la fausseté ou l'inexactitude de l'écrit. C'était un renversement de la preuve.

Sous Justinien, la présomption de l'engagement fut encore plus forte. Si l'écrit contenait l'indication du lieu et la date du contrat, l'empereur déclare que celui qui veut se soustraire à l'obligation doit établir que le créancier et lui ne s'étaient pas rencontrés au jour indiqué, et de plus que l'un d'eux avait passé toute la journée dans un lieu différent. Encore fallait-il que la preuve fut faite par écrit et par témoins au-dessus de tout soupçon. (L. 14, C. VIII, XXXVIII, *De contrah. et commit. stipul.*). Telle fut la dernière réforme accomplie dans la législation romaine. Si les anciens usages n'ont pas été complètement abolis, il n'en reste plus que des débris insignifiants, l'impossibilité de figurer dans la fidéjussion pour les absents, les sourds et les muets. Ce sont là les derniers vestiges désormais inintelligibles de l'ancien formalisme.

DEUXIÈME PARTIE

DES PERSONNES INTÉRESSÉES AU CONTRAT DE FIDÉJUSSION

I

LE FUTUR FIDÉJUSSEUR.

RÈGLE. — *Le futur fidéjusseur doit avoir la capacité générale de s'obliger, et la capacité particulière d'intercéder.*

Quiconque se porte fidéjusseur s'oblige. La première condition pour s'engager comme caution est donc d'avoir la capacité générale de s'obliger.

Ainsi l'impubère *alieni juris*, l'impubère *sui juris* sans l'*auctoritas* du tuteur, le pubère mineur de 25 ans et le prodigue sans le *consensus* de leur curateur, ne pouvaient intervenir comme fidéjusseur.

Esclave. — En principe l'esclave, n'ayant pas de personnalité juridique propre, ne pouvait s'obliger. Cependant il pouvait contracter valablement au nom de son maître, mais seulement pour devenir créancier. Il ne pouvait rendre sa condition pire, c'est-à-dire devenir débiteur. Si donc un esclave intervenait comme garant, ni le maître ni l'esclave n'étaient tenus envers le créancier — *ex con-*

tractibus servi civiliter non obligantur. (l. 14, D. XLIV,
VII, *De obligat. et action*).

Si l'esclave se trouvait à la tête d'un pécule, sa situation était modifiée. Le préteur avait admis qu'en principe l'esclave obligeait le pécule ; toutefois cette capacité
restreinte ne fut pas étendue à la fidéjussion, ou tout au
moins elle ne fut accordée que dans des limites fort étroi-
tes et suivant des distinctions qui nous sont indiquées
par les lois, 3 § 5 et 47 § 1, D. XV, 1, *De pecul.*

De ces deux textes il résulte que la fidéjussion de l'esclave est valable, quand elle intéresse le pécule ou le
maître de l'esclave. Dès lors l'esclave, tenu comme garant, pouvait payer avec les deniers du pécule, mais il
ne le pouvait pas avec d'autres deniers.

Par argument *a contrario*, il faut en conclure que si la
fidéjussion de l'esclave n'avait pas été faite dans l'intérêt
du pécule ou du maître, elle était inefficace. Mais qu'ar-
rivait-il alors si l'esclave exécutait le paiement?

Il faut distinguer : l'esclave avait-il payé avec l'argent
du pécule, le maître avait une *condictio* pour réclamer
les sommes détournées. Avait-il payé avec les deniers
du maître, celui-ci avait la revendication (Loi 19, D. à
notre titre).

Cette loi 19 réserve le cas où le maître aurait approuvé
expressément ou tacitement le paiement et la loi 66 nous
indique qu'en pareil cas le maître n'avait pas d'action.
Voici l'hypothèse très simple prévue par cette loi : —
Un esclave s'est porté fidéjusseur envers un créancier,

Titius, et l'a payé. Le maître exerce alors l'action *man-dati* contre Titius pour se faire restituer les sommes qu'il a touchées. Son action échouera, car en prenant la qualité de mandant, il a par là même ratifié le paiement effectué par l'esclave.

Supposons maintenant que le paiement ait été effectué par le maître de l'esclave. Alors de deux choses l'une : ou l'esclave s'était porté fidéjusseur *ex causa peculiari* et le paiement était efficace et libératoire ; ou la fidéjussion de l'esclave était nulle et alors le maître pouvait répéter les deniers s'il avait payé par erreur, l'obligation naturelle n'existant qu'à la charge de l'esclave. Mais la *condictio indebiti* ne pouvait être intentée contre le débiteur principal qui n'était pas libéré de son obligation, puisque la fidéjussion de l'esclave, n'étant pas valable, était sans effet. C'était donc contre le créancier qu'il devait agir (loi 20 à notre titre).

En dehors de ces cas exceptionnels, la fidéjussion de l'esclave n'était pas admise par la loi, et par conséquent le débiteur, qui devait fournir des cautions, ne se libérait pas en le présentant (Loi 3 à notre titre).

A côté des personnes frappées d'une incapacité générale de s'obliger, il y en avait d'autres qui ne pouvaient se porter fidéjusseurs en raison d'une incapacité spéciale d'intercéder.

1° Les militaires et les décurions ne pouvaient intervenir pour garantir les loyers ou fermages dus au propriétaire (L. 30 et 31. Code IV. L.XV, *De locat. et Con-*

duct.) : les militaires pour les laisser à leurs fonctions, les décurions pour que leur fortune servit uniquement à garantir le paiement des impôts.

2° Le fils de famille. — Le fils de famille était en principe capable de s'obliger. S'il avait des biens personnels, la condamnation pouvait être exécutée sur ses biens, mais seulement *in id quod facere poterat*. S'il n'avait pas de biens personnels, la condamnation prononcée contre lui ne pouvait être exécutée sur le patrimoine du père, à moins que le fils n'eût agi comme son mandataire (L. 10, § 2 à notre titre).

Toutefois, s'il était à la tête d'un pécule, il pouvait se porter fidéjusseur et engager le pécule à la tête duquel il était placé. Outre l'action directe contre le fils, le créancier avait une action *de peculio* contre le père (L. 3, § 9, D. XV, I, *De pecul.*).

Pourquoi cette différence avec l'esclave? Ce n'est pas que, le fils ayant une capacité personnelle et pouvant s'obliger *jure civili*, on ait cru devoir attacher plus d'effets à sa fidéjussion, car cette capacité du fils n'allait pas jusqu'à compromettre les intérêts du père. Mais c'est que l'esclave, ne gardant que très exceptionnellement le pécule, n'avait qu'un intérêt fort douteux à le faire fructifier, tandis que le fils de famille, appelé à succéder un jour à son père, devait retrouver le pécule dans sa succession. Il était donc intéressé à sa bonne gestion et on jugea cet intérêt suffisant pour le détourner de consentir à des cautionnements qui eussent compromis le pécule.

La preuve que telle fut bien la raison de cette distinction, c'est qu'on valida la fidéjussion de l'esclave quand elle intéressait le pécule.

Ainsi la fidéjussion du fils de famille valable en principe l'obligeait toujours. Une seule exception fut apportée à cette règle générale par le sénatus-consulte Macédonien.

Ce sénatus-consulte, rendu sous Claude, d'après Tacite (*Annales*, XI, 13), sous Vespasien, d'après Suétone (*Vita Vespasiani*, *XI*), défendait les prêts d'argent aux fils de famille. Pour tourner cette prohibition gênante, les usuriers avaient imaginé de prêter en apparence à un tiers quelconque, et d'exiger du fils qu'il se portât caution. Le tiers complaisant remettait l'argent au fils de famille et le créancier pouvait agir efficacement contre lui par l'action de la fidéjussion. La loi était ainsi rendue absolument vaine et illusoire. Dans ces conditions pouvait-on considérer comme valable l'engagement du fils de famille ? Ulpien nous apprend qu'il y eut sur ce point controverse entre les jurisconsultes (l. 7. pr. D. XIV, VI, *De Senatusc. Macedon.*). Nératus et Celsus estimaient qu'on ne pouvait appliquer ici les dispositions du sénatus-consulte qui n'avait pas prévu cette hypothèse. Julien au contraire, et Ulpien paraît être de son avis, permettait au fils d'invoquer l'exception du Macédonien, de même que le débiteur principal : parce que, dit-il, à supposer que le fils de famille eût été le débiteur principal, et le tiers, le fidéjusseur, celui-ci aurait bénéficié de l'exception. Ce motif est fort contestable ; si le tiers fidéjusseur peut opposer l'exception, c'est qu'elle est née du chef du débiteur principal, ce qui n'a pas lieu dans notre hypothèse. La comparaison est donc inexacte. La vraie raison de la solution qu'il propose est qu'il eût été ainsi trop facile de tourner les prohibitions du sénatus-consulte, et que la fraude vicie le contrat passé.

3° *La femme*. — Etait-elle *alieni juris*, c'est-à-dire fille de famille ou femme *in manu*, elle avait été probablement à l'origine absolument incapable de s'obliger et par suite de se porter fidéjusseur (Gaius, III, 104).

Mais à l'époque de Claude, elle avait acquis la même capacité que le fils de famille. En effet la loi 9, § 2, D. XIV, VI, *De Senat. Maced.* étend à la fille de famille l'interdiction d'emprunter du sénatus-consulte Macédonien. Cette interdiction eût été inutile, si la femme avait été incapable de contracter d'une manière générale. Le texte suppose donc implicitement la capacité de la femme *alieni juris*.

Quant à la femme *sui juris*, elle avait été primitivement incapable ; mais peu à peu la tutelle des femmes tomba en désuétude et Claude l'abolit définitivement. On redouta aussitôt les inconvénients d'une liberté absolue, et un sénatus-consulte rendu sur la proposition de Marcus Silanus et Velleius Tutor vint défendre à la femme mariée ou non mariée d'intercéder. Déjà, sous le règne d'Auguste, on lui avait interdit d'intercéder pour son mari ; le sénatus-consulte Velléien rendit cette prohibition générale.

L'intercession parut en effet l'acte le plus dangereux pour la femme ; ne pouvant en prévoir toutes les conséquences puisqu'il ne produisait d'effets que dans l'avenir, elle était exposée à le consentir trop facilement. De plus le sénatus-consulte était inspiré par une idée de méfiance contre la femme et par le désir de limiter son influence. On ne voulait pas que la femme, quittant son rôle naturel, usurpât des fonctions réservées aux hommes. — *Ne officiis virilibus fungantur* —.

Quelle était exactement la portée du sénatus-consulte?

Il laissait à la femme sa capacité générale, elle pouvait contracter, s'obliger, administrer ses biens en toute liberté ; elle pouvait faire des donations. Le seul acte qui lui fut interdit était d'intercéder dans l'intérêt d'autrui (l. 2, § 1, D. XVI. I. *Ad Senatus c. Velleian.*). L'action était refusée contre elle, quand il n'y avait pas de doute sur la nature de son intervention. S'il y avait un doute, on insérait une exception.

Si la femme était intéressée à l'acte d'intercession, le sénatus-consulte ne pouvait s'appliquer (l. 21, D. XVI, I). Un exemple nous est donné par les lois 48, pr. D. à notre titre, et la loi 18, D. XVI, I. Ces deux textes supposent l'un et l'autre qu'une femme et un tiers sont cofidéjusseurs ; mais ils se placent dans des hypothèses différentes.

Dans l'espèce prévue par la loi 48, la femme ne devait retirer de l'acte aucun profit personnel. Aussi son cofidéjusseur poursuivi ne pouvait se retourner contre elle pour lui demander de supporter les charges du paiement. Au contraire dans la loi 18, qui nous est expliquée par la loi 17, la femme était intéressée à l'acte ; auquel cas le sénatus-consulte ne pouvait recevoir d'application. Par conséquent, si la femme, en se portant fidéjusseur avec un tiers, s'était engagée en partie dans son intérêt personnel, en partie dans l'intérêt d'autrui, le sénatus-consulte s'appliquait dans la mesure où elle n'avait pas d'intérêt ; pour le surplus, la fidéjussion devait produire tous ses effets (loi 17).

Tel fut le droit en vigueur à l'époque classique. Justinien le maintint à l'égard du mari ; il leva en partie l'interdiction à l'égard des tiers. Il déclara que si la femme s'était obligée pour un tiers, son intervention serait valable, pourvu qu'elle eût une cause légitime et qu'il n'y eût aucun doute sur sa volonté. De plus il l'autorisa à renoncer au bénéfice de la protection du Velléién (l. 22, 23, 24 et 25, C. IV, XXIX, *Ad Senatus c. Velleian*). Il est probable, bien que la question soit discutée, que ces renonciations étaient interdites à l'époque classique.

II

LE DÉBITEUR PRINCIPAL.

Règle. — *Il fallait que le futur fidéjusseur s'engageât pour un débiteur principal et qu'il fût distinct de ce débiteur.*

1° Il fallait que le futur fidéjusseur s'engageât pour un débiteur principal.

Cette règle est trop évidente pour avoir besoin de démonstration. Jamais personne ne songerait à se porter caution, d'une manière générale, sans avoir en vue un débiteur déterminé. Mais cette règle très simple conduit dans la pratique à quelques conséquences fort curieuses qu'il importe d'examiner.

On sait la grande division des héritiers en droit romain, en héritiers siens et héritiers volontaires.

Les héritiers siens et nécessaires acquéraient la succession du jour de la mort du défunt, sans aucune manifestation de volonté. Les héritiers volontaires ou externes, au contraire, n'étaient pas héritiers de plein droit ; ils devaient faire acte d'adhésion en certaines formes dont nous n'avons pas à nous occuper ici. Dans le délai qui s'écoulait entre la mort du défunt et l'acceptation de l'héritier, rigoureusement la succession n'appartenait à personne. Alors si une dette se trouvait dans la succession, elle ne pouvait être cautionnée par un fidéjusseur, puisqu'il n'y avait pas de débiteur.

Plus tard, on admit que l'hérédité jacente avait une personnalité propre, la personnalité du défunt qui se continuait fictivement après sa mort jusqu'au moment de la transmission des biens aux héritiers. *Hereditas personam defuncti sustinet.* Dès lors il y avait une personne que le fidéjusseur pouvait valablement garantir (Loi 22 à notre titre). Ce texte assimile la personnalité morale de l'hérédité à celle d'un municipe, d'une décurie, d'une société. Cette assimilation est exacte sauf sur un point. L'usufruit ne pouvait être acquis par une hérédité, parce que ce droit suppose l'existence d'une personne physique (L. 61, § 1, D. XLI, 1, *De Adquir. Rerum. Domin.* — Frag. Vat. § 55). Il était pourtant un cas où la dette d'une personne ne pouvait être cautionnée après sa mort. Nous avons vu que le fils de famille pubère pouvait s'obliger et par conséquent son obligation pouvait être garantie par un fidéjusseur. Mais le fils de famille ne laissait pas de succession, n'ayant pas de patrimoine propre. A sa mort, ses dettes s'éteignaient. Donc le fidéjusseur, qui s'était engagé valablement pendant sa vie, n'était plus tenu après son décès ; et de même un fidéjusseur ne pouvait plus alors intervenir pour garantir une dette qui n'existait plus, même en tant qu'obligation naturelle. — *Creditor filiifamilias, mortuo eo, fidejussorem accipere non potest* (L. 18, D. XIV,, VI *De Senatusc. Maced.*

La même règle est formulée par la loi 11 D, à notre titre. Cette loi décide que le fidéjusseur qui a garanti un *mutuum* est libéré à la mort du fils emprunteur. Cette loi suppose donc qu'il était tenu de son vivant. Mais comment était-ce possible puisque le sénatus-consulte Macédonien interdisait les prêts aux fils de famille ?

La contradiction n'existe qu'en apparence. D'abord le seul *mutuum* qui fut prohibé par le Macédonien était le prêt d'argent, et il peut se faire que la loi ait eu en vue ici un prêt d'une autre nature. De plus le prêt était encore valable quand il avait été contracté sur l'ordre du père, quand le fils passait pour *sui juris*, quand il avait emprunté pour se libérer d'une action à laquelle il ne pouvait se soustraire, ou enfin quand le prêteur était un mineur de vingt-cinq ans. D'ailleurs, même s'il s'agissait du *mutuum* visé par le sénatus-consulte, un fidéjusseur pouvait intervenir; il était valablement obligé, sauf le droit pour lui, quand il ne s'était pas engagé *animo donandi*, d'opposer au créancier poursuivant l'exception du Macédonien, exception *rei cohærens* qu'il pouvait invoquer comme le débiteur principal.

Le principe que le fidéjusseur était libéré après la mort du fils de famille était exact même si le fils de famille était à la tête d'un pécule, ce pécule faisant retour au père *jure peculii* et non *jure successionis*. Le père n'étant pas tenu des dettes, la fidéjussion était impossible.

C'était là une iniquité. Le préteur la fit disparaître en décidant que le père serait tenu des dettes du pécule pendant l'année utile qui suivait la mort du fils, jusqu'à concurrence de la valeur du pécule. Dans cette mesure et pour ce laps de temps, un fidéjusseur pouvait s'engager. C'est la solution que consacre la loi 18, D, XIV, VI, *De Senat. Maced.* et qu'il faut généraliser pour tous les cas où le père était tenu des dettes du fils en vertu du droit prétorien (actions *adjectitiae qualitatis, quod jussu, de in rem verso*, etc.).

Quand le fils de famille avait disposé de son pécule par testament, ce qui ne lui était pas toujours permis, le pécule était acquis comme une succession, et dès lors la fidéjussion était possible.

Cette législation disparut sous Justinien qui fit du pécule une hérédité en déclarant que le père de famille ne recueillerait qu'à défaut de descendants. Telle est l'opinion générale, malgré la paraphrase de Théophile qui prétend que le père recueille encore *jure peculi*. C'est une erreur évidente : on ne peut admettre que la dévolution des biens change de caractère suivant la qualité des personnes à qui ils sont transmis.

2° Il fallait que le futur fidéjusseur fût distinct du débiteur principal.

Nous trouvons une application de cette règle dans la loi 21, § 2, à notre titre. Cette loi suppose expressément qu'un prêt a été fait à un esclave, et implicitement que cet esclave était à la tête d'un pécule. Le *mutuum* donnait naissance à deux obligations : une obligation prétorienne sanctionnée par l'action *de peculio* exercée dans l'année contre le maître, une obligation naturelle à la charge de l'esclave. L'esclave affranchi devient capable de contracter civilement ; il intervient alors comme fidéjusseur pour garantir la restitution du prêt. La fidéjussion est-elle valable ? Oui, s'il a voulu cautionner l'obligation prétorienne du maître, mais il n'en serait pas de même s'il avait voulu garantir son obligation naturelle. Dans ce cas le débiteur principal se confondant avec le débiteur accessoire, la fidéjussion tombait nécessairement.

III

LE CRÉANCIER (1).

RÈGLE. — *Il fallait que le futur fidéjusseur s'engageât envers le créancier du débiteur principal et que ce créancier fût distinct du débiteur.*

1º Il fallait que le futur fidéjusseur s'engageât envers le créancier du débiteur principal.

Cette proposition semble, comme la précédente, assez inutile à formuler. Du moment où il y a une obliga-

---

(1) Il ne faut pas oublier que le contrat de fidéjussion est un contrat unilatéral, c'est-à-dire qu'il n'engendre d'obligations qu'à la charge d'une seule des parties contractantes, le fidéjusseur. Le créancier n'étant pas obligé, il en résultait notamment les deux conséquences suivantes :

1º Le créancier peut poursuivre à son gré soit le débiteur principal, soit le fidéjusseur.

2º Au cas où l'obligation principale est garantie par plusieurs fidéjusseurs, le créancier est libre de s'adresser à l'un d'entre eux et d'exiger de lui seul le paiement intégral de la dette.

Telles furent, dans la rigueur du droit primitif, les conséquences de caractère unilatéral de la fidéjussion. Plus tard le principe d'équité vint adoucir et corriger ces règles inflexibles :

Déjà nous avons vu que la loi *Cicereia* impose au créancier l'obligation de déclarer aux fidéjusseurs, avant leur engagement, le nombre des *adpromissores* et le montant de la dette à garantir.

En outre, de nouvelles obligations furent mises à sa charge par la création de trois bénéfices :

1º Le bénéfice de cession d'actions, organisé par la jurisprudence, par lequel le fidéjusseur put obliger le créancier à lui céder ses actions contre le débiteur.

2º Le bénéfice de division, établi par Hadrien, qui l'autorise à contraindre le créancier à répartir les poursuites entre tous les fidéjusseurs solvables.

3º Le bénéfice de discussion, créé par Justinien, qui lui permit d'exiger du créancier d'agir au préalable contre le débiteur principal.

Notre étude ayant pour objet la formation et non les effets de la fidéjussion, nous n'avons pas à entrer ici dans l'examen détaillé de ces bénéfices.

tion, n'y a-t-il pas nécessairement un créancier et un débiteur en présence? Assurément il en était presque toujours ainsi ; et pourtant il y avait une exception, celle des actions populaires.

On sait ce que c'était qu'une action populaire. Presque toutes les obligations qui résultaient des délits donnaient naissance à une action qui appartenait directement et exclusivement à la personne lésée. Mais certains délits étaient considérés comme affectant moins un individu que la société toute entière ; aussi étaient-ils sanctionnés par des actions qui pouvaient être intentées non seulement par la victime, mais par tout citoyen quel qu'il fût. Pour cette raison, on les appelait *populares*. Telles étaient par exemple les actions *de sepulchro violato, de albo corrupto, de effusis et dejectis* etc. Puisque ces actions appartenaient à tout le monde, elles ne comptaient dans le patrimoine de personne. Il n'y avait donc pas de créancier qui pût recevoir l'engagement d'un fidéjusseur (L. 56, § 3 à notre titre). Mais une fois l'action intentée, elle devenait la propriété du poursuivant après la *litis contestatio* et, de ce jour, un fidéjusseur pouvait en garantir l'exécution (L. 12, pr. D. L, XVI, *De verb. signif.*).

L'utilité de la règle apparaît encore quand il y avait un *adjectus solutionis gratia*.

C'était une personne autorisée à recevoir le paiement ; mais c'était là son unique attribution. *L'adjectus* ne pouvait poursuivre le débiteur, intenter une action con-

tre lui, accorder une novation ou une remise de dettes ;
en un mot, il n'était à aucun titre créancier. Il ne pouvait donc pas stipuler du débiteur une sûreté quelconque pour la garantie de la dette, par exemple un gage
ou une hypothèque (L. 33, D. XX, I, *De Pign. et Hypoth.*)
et pour la même raison il ne pouvait recevoir un fidéjusseur (L. 23 à notre titre).

Cette impossibilité de recevoir un fidéjusseur n'existait pas pour l'*adstipulator* qui était un créancier véritable.

Un cas analogue à celui prévu par la loi 23 nous est
fourni comme exemple par Julien dans la loi 16 pr. à
notre titre. Voici l'hypothèse sur laquelle il raisonne :

Un esclave a deux maîtres : Titius et Sempronius. Il
stipule pour l'un d'eux, Titius ; puis il interroge un fidéjusseur qui s'engage pour Titius ou Sempronius. La
stipulation fidéjussoriale est valable, car il y a un créancier certain, Titius, envers qui le fidéjusseur s'est
engagé. Quant à Sempronius, il jouait simplement le
rôle d'*adjectus solutionis gratia*.

La décision de Julien dans la loi 16 semble au premier
abord en contradiction avec celle d'Ulpien dans la loi 9,
§ 1, D. XLV, III, *De stip. serv.*

Le texte suppose que l'esclave a stipulé pour l'un ou
l'autre de ses maîtres, et conclut à la nullité de la stipulation. Mais la contradiction n'est qu'apparente. Dans
l'hypothèse de la loi 9, il y a incertitude sur le point de
savoir quel est celui des deux maîtres que l'esclave a

entendu rendre créancier. Cette incertitude n'existe pas dans l'espèce indiquée dans la loi 16, où la qualité de créancier de Titius était déterminée par la stipulation principale.

Cette qualité était également fixée quand l'esclave stipulait pour l'un ou l'autre de ses maîtres une chose qui appartenait à l'un d'eux. Il est clair que la stipulation ne pouvait concerner que celui des deux maîtres qui n'était pas propriétaire. C'est la solution que donne Ulpien dans cette même loi 9, ce qui prouve qu'il n'y avait pas de désaccord entre les deux jurisconsultes.

Un autre exemple est rapporté dans la loi 132, § 1, D. XLV, I, *De verb. oblig.*

Un fils de famille se proposant de prêter à un tiers une somme d'argent stipule d'un fidéjusseur qu'il garantira le prêt quand il l'exécutera. Si le fils de famille exécute le prêt quand il est encore en puissance, la stipulation fidéjussoriale est valable ; et, comme la créance acquise au fils est acquise au père, c'est envers le père que le fidéjusseur est tenu.

Mais le fils est émancipé et c'est seulement après son émancipation qu'il effectue le prêt stipulé. Le fils, n'étant plus sous la puissance du *pater familias*, acquiert désormais pour son propre compte, et par conséquent le fidéjusseur n'est pas tenu envers le père qui n'est plus le créancier du débiteur principal. Libéré vis-à-vis du père, est-il obligé envers le fils ? Rigoureusement il ne l'est pas puisqu'il n'était pas engagé envers lui quand il avait stipulé. Mais dans la pratique on fit échec aux principes du droit, et Papinien nous apprend qu'*humanitatis interitu* on considéra le fidéjusseur comme obligé envers le fils de famille (l. 47, à notre titre). Il est probable qu'on accordait alors au fils contre le fidéjusseur une action fictice dans laquelle on supposait ou que l'émancipation était antérieure à la fidéjussion, ou que la caution s'était engagée après l'émancipation.

2° Il fallait que le créancier fut distinct du débiteur principal.

La confusion de ces deux titres pouvait se présenter, quand les personnes unies entre elles par un lien d'obligation avaient des rapports de puissance, comme un père et son fils, un maître et son esclave. L'exécution de l'obligation ne pouvait être réclamée en justice, en raison du principe de l'unité de patrimoine. Mais si une obligation sanctionnée n'existait pas, il y avait au moins une obligation naturelle qui pouvait être garantie par un fidéjusseur. L'intervention de la caution était-elle toujours possible? Il faut distinguer : Si c'était le fils ou l'esclave qui était créancier, il ne pouvait y avoir de fidéjusseur. En effet les créances du fils ou de l'esclave sont acquises au père ou au maître qui se trouve ainsi à la fois créancier et débiteur. Le créancier n'étant pas distinct du débiteur principal, il ne pouvait y avoir de fidéjussion (l. 56, § 1, D. à notre titre) Au contraire, si le fils ou l'esclave était débiteur, la dette ne passait pas au père ou au maître ; il n'y avait pas de confusion. Le créancier était différent du débiteur ; un fidéjusseur pouvait cautionner la dette.

Rien ne s'opposait même à ce que le rôle d'interrogateur fût rempli par le fils ou l'esclave débiteur ; il agissait alors en qualité de représentant du père ou du maître et non pas en son nom personnel (l. 70, § 3 à notre titre).

TROISIÈME PARTIE

DE L'OBJET ET DE L'ÉTENDUE DU CONTRAT DE FIDÉJUSSION

———

Règle. — *La fidéjussion suppose une obligation principale à garantir ; elle doit avoir le même objet et ne peut avoir plus d'étendue.*

Cette formule synthétique se décompose en plusieurs propositions, que nous allons analyser dans trois chapitres distincts :

I. — La fidéjussion suppose une obligation principale à garantir.

II. — Elle doit avoir le même objet.

III. — Elle ne peut avoir plus d'étendue.

CHAPITRE PREMIER

Il n'en saurait être autrement, puisque la fidéjussion
est par essence et par définition un contrat accessoire.
Donc si l'obligation principale n'existe pas ou est radicalement nulle, la fidéjussion n'est pas valable.

Ainsi le créancier stipule d'un débiteur une somme
de 10 ; le débiteur se contente d'un signe de tête comme
réponse. La stipulation ne se forme pas et par conséquent le fidéjusseur n'est pas obligé (L. 1, § 2, D. XLV, I,
De Verb. Oblig.).

Il en serait de même si la stipulation avait été faite
sous condition impossible (L. 29 à notre titre).

Ainsi encore, le contrat principal a été une vente pro-
hibée par la loi, comme la vente du fonds dotal, d'objets religieux, de poisons. Cette vente ne peut être garantie par un fidéjusseur (loi 46 à notre titre). Pothier
prétend que le texte s'appliquait aussi à la vente des
biens de l'impubère ; c'est une erreur certaine ; car le
jurisconsulte Javolenus, l'auteur de ce texte, écrivait
sous Vespasien. Or la prohibition de la vente des biens

de l'impubère est postérieure d'un siècle ; elle date de Sévère.

Une personne, considérée à tort comme esclave, n'étant pas *in servitute justa*, ne pouvait être affranchie ; donc la promesse des *operæ* était nulle et le fidéjusseur qui avait garanti cette promesse n'était pas tenu (L. 56 pr. à notre titre).

Une femme se portait *expromissor*, à la place de son mari, à titre gratuit ; son engagement était nul et par suite un fidějusseur ne pouvait garantir cet engagement (L. 5, § 4, D. XXIV, I, *De donat. inter vir. et uxor.*)

Mais du moment où il y avait une obligation principale, quel qu'en fût la cause, l'objet, les effets ou la nature, un fidéjusseur pouvait valablement intervenir.

Des obligations au point de vue de leur cause.

A cet égard, on divisait les obligations en 4 classes : les obligations nées d'un contrat, d'un quasi-contrat, d'un délit, d'un quasi-délit.

Obligations qui naissent d'un contrat.

Gaius, comparant les deux anciens modes d'*adpromission* à la fidéjussion, nous indique cette différence que tandis que la *sponsio* et la *fidepromissio* ne pouvaient être adjoints qu'à un contrat *verbis*, la fidéjussion au contraire pouvait accéder à toute espèce d'obligations contractuelles. *Fidejussor omnibus obligationibus, id est sive re, sive verbis, sive litteris, sive consensu contractæ fuerint obligationes, adjici potest* (Gaius, III, 119).

De ces quatre formes de contracter, l'une d'elles, le contrat *litteris*, déjà fort peu en usage au temps de Gaius, finit par disparaître complètement et c'est ce qui nous explique pourquoi Ulpien n'en parle plus (L. 8, § 1 à notre titre). Aussi n'en trouvons-nous pas d'exemple dans les textes à propos de la fidéjussion.

1° Obligations nées d'un contrat *verbis*.

Il y avait à Rome trois contrats *verbis* : la stipulation, le *dictio dotis* et le *jusjurandum liberti*.

La fidéjussion pouvait s'accoler a une stipulation, et il ne s'élève sur ce point aucune difficulté.

Il n'en est pas de même de la *dictio dotis*, à cause d'un fragment de Paul, la loi 55, D. XXIII, III, *De jure dotium. Cum dotis causa aliquid expromittitur, fidejussor eo nomine datus tenetur.* Le jurisconsulte viserait le cas où une personne se porte *expromissor* à la place de celui qui a promis la dot, et il déclare que l'obligation de cet *expromissor* peut être garantie par un fidéjusseur. Telle est la traduction littérale ; mais alors on se demande vainement quelle pourrait être l'utilité de ce passage, car la validité de la fidéjussion ne pouvait faire l'objet d'aucun doute.

Pothier a prétendu que Paul avait eu la pensée d'établir une antithèse entre la faculté pour le mari de recevoir des fidéjusseurs pour garantir le versement de la dot promise, et la défense faite à la femme d'exiger du mari des fidéjusseurs pour la restitution de la dot. Cette explication est inadmissible, puisqu'à l'époque de Paul,

il n'était pas encore interdit à la femme d'exiger du mari
des fidéjusseurs.

Mais alors comment expliquer la loi 55 ? — En supposant que le texte a subi une double altération, et qu'au
lieu d'*expromissio* et de *fidejussio*, Paul parlait de la *dictio dotis* et de l'accession d'un *sponsor* ou d'un *fidepromissor*. Il faudrait donc restituer le texte de la façon
suivante : — *Cum dotis causa aliquid dicitur, sponsor
aut fidepromissor eo nomine datus tenetur.* — Avec cette
correction très plausible, puisque la *dictio dotis*, la *sponsio* et la *fidepromissio* ayant disparu, il est fort probable
que Tribonien avait, suivant son habitude, remanié et
modifié le texte primitif, la phrase de Paul se comprend
parfaitement.

On sait en effet combien la *sponsio* et la *fidepromissio*
étaient soumises aux règles rigoureuses de l'ancien formalisme. Il fallait qu'il y eût une correspondance absolue entre la forme du contrat principal, et celle qui
devait donner naissance à l'obligation accessoire. De là,
en raison de cette étroite corrélation nécessaire, une
controverse sur le point de savoir si le *sponsor* ou le *fidepromissor* pouvait accéder à la *dictio dotis*. La *dictio dotis*
était bien un contrat *verbis*, mais avec cette particularité
qu'il n'y avait pas d'interrogation précédant la réponse.

Il n'y avait donc pas concordance parfaite entre la
forme de la *dictio dotis*, et celle de la *sponsio* ou de la *fidepromissio*. Dès lors il y avait lieu de se demander si le
sponsor ou le *fidepromissor* était valablement engagé, et

c'est à cette question que Paul répondait par l'affirma-
tive.

On a proposé une autre traduction de la loi 55. Le
jurisconsulte voudrait dire que le fidéjusseur serait tenu
in solidum, tandis que le débiteur principal qui avait
promis la dot avait le droit d'invoquer le bénéfice de
compétence (L. 24, D. XXIII, III. *De jure dotium*). Malheureusement cette comparaison des deux obligations
au point de vue de leur étendue ne nous est révélée par
aucun terme du texte.

Ce que nous disons de la *dictio dotis* devait s'appliquer à la *jurata promissio liberti*. La loi 8, § 1, D.
XXXVIII, I, *De oper. libert.* a subi une correction du
même genre.

Si un fidéjusseur pouvait intervenir pour garantir le
paiement de la dot, le pouvait-il aussi pour en garantir
la restitution ?

Dans les premiers temps la question ne se posait pas,
puisque le mari était propriétaire définitif de la dot.
Dotis causa perpetua est.

Mais, dans la suite, lorsque le divorce devint d'un
usage fréquent dans les mœurs romaines, le mari dut
la restituer pour permettre à la femme de se remarier.
Si le mari s'était engagé à cette restitution par stipulation, on pouvait intenter contre lui l'action *ex stipulatu*,
sinon il pouvait être poursuivi par l'action *rei uxoriæ*,
L'obligation à la charge du mari résultait donc soit d'un
contrat *verbis*, soit d'un quasi-contrat, et, dans tous les

cas, un fidéjusseur pouvait garantir cette obligation du mari.

Deux lois célèbres, les lois 1 et 2, C. V, XX, *Ne fidej. vel mandat. dot.* vinrent, sur ce point, modifier le droit antérieur. Par la première de ces lois, Gratien, Valentinien et Théodose interdirent à la femme d'exiger des fidéjusseurs de son mari. Pour la deuxième, Justinien étendit la prohibition : la femme ne put faire garantir la restitution de la dot, non seulement de son mari, mais aussi du père de son mari ou de toute autre personne. Elle montrerait ainsi, dit l'empereur, une défiance injurieuse.

Cette décision est étrange de la part de celui qui avait exagéré les garanties réelles pour protéger les droits de la femme, et avait mérité, pour cette sollicitude extrême, le surnom d'*imperator uxorius*. Quoi qu'il en soit, la prohibition existait ; mais quelles en étaient exactement les limites ?

Si le mari offrait de fournir des fidéjusseurs, la femme pouvait-elle les accepter ? Il est difficile de le croire en s'attachant aux motifs qui ont inspiré le législateur. En les acceptant comme en les exigeant, la femme montrerait une défiance répréhensible. Et pour la même raison il faut décider, pensons-nous, que si le mari avait offert ces cautions antérieurement au mariage, une fois le mariage célébré, elles étaient déliées de leurs obligations.

Mais ces motifs, qui nous montrent jusqu'où pouvait

s'étendre cette défense de faire intervenir des fidéjus-seurs, nous en indiquent aussi les limites. La femme seule ne pouvait faire garantir la restitution de la dot. Mais si ce n'était pas elle qui était créancière, si la dot devait être restituée au père en cas de dot profectice, au tiers après la mort de la femme en cas de dot adventice et suivant une stipulation expresse, alors les raisons et le texte ne s'appliquaient plus. Le père ou le tiers pouvaient valablement recevoir des fidéjusseurs et cette solution était d'autant plus justifiée, qu'ils n'avaient ni privilège, ni hypothèque.

Enfin cette défense faite à la femme de recevoir des fidéjusseurs de son mari disparaissait *post solutum ma-trimonium*. Une fois le mariage dissous, il n'y avait plus en effet ni femme ni mari, mais deux personnes indé-pendantes l'une vis-à-vis de l'autre, libres de contracter entre elles suivant le droit commun (l. 7, pr. D. XLIV, I, *De except.*).

2° Obligations nées d'un contrat *re*.

La loi 2, à notre titre, nous indique deux contrats réels, le dépôt et le commodat, pour lesquels la fidéjus-sion pouvait avoir lieu.

La loi 56, § 2 à notre titre également, nous donne la même décision pour le *mutuum*, mais il importe ici de donner quelques explications. Paul, l'auteur de ce texte, commence par supposer qu'une personne livre à une autre en *mutuum* des deniers qui ne lui appartiennent pas. Il n'y avait pas de *datio*, partant pas de *mutuum*, et le fidéjusseur n'était pas tenu. Il en était autrement si le *tradens* avait stipulé la restitution, mais alors le fidéjusseur était obligé en réalité non pas en vertu d'un contrat *re*, le *mutuum*, mais en vertu d'un contrat *verbis*, la stipulation. (L. 126, § 2, D. XLV, I, *De verb. oblig.* L. 6, § 1 et 7, D. XLVI, II. *De Novat et Deleg.*).

Le jurisconsulte complique ensuite l'hypothèse. Les deniers remis en *mutuum* ont été consommés ; il faut ajouter qu'ils ont été consommés de bonne foi, puisqu'il est dit que le propriétaire des deniers avait une *condictio* ; car si la consommation avait été de mauvaise foi, il avait l'*action ad exhibendum*. Les deniers donc ayant été consommés de bonne foi, le fidéjusseur, dit Paul, était obligé. Si la fidéjussion était possible, c'est qu'il y avait une obligation principale. Quelle était la cause de cette obligation ? Naissait-elle d'une reconstitution du contrat de prêt, d'une *reconciliatio mutui*, ou simplement du fait de la tradition des deniers engendrant une *condictio sine causa* ? Nous n'avons pas à entrer ici dans les détails de cette controverse, nous nous bornerons à faire remarquer que notre texte donne à penser que l'action était la *condictio sine causa* et non *la condictio ex mutuo*, c'est-à-dire qu'il n'y avait pas de *reconciliatio mutui*. En effet Paul dit que le fidéjusseur s'est engagé pour toutes les conséquences de la numération, *in omnem causam quæ ex numeratione nascitur*, et non pas qu'il est obligé en vertu du *mutuum*.

3° Obligations nées d'un contrat *consensu* ou *quasi ex contractu*.

La loi 4 nous donne l'exemple d'une fidéjussion garantissant une obligation née d'un contrat consensuel : le mandat.

Cette même loi nous montre aussi un fidéjusseur accédant à un quasi-contrat, la gestion d'affaires et la loi 8 § 4 à notre titre donne une décision analogue pour les obligations quasi-contractuelles qui naissent de la tutelle. Mais, dans cette hypothèse, le texte suppose avec raison qu'il s'agit d'un tuteur testamentaire dispensé de fournir caution. Car tout autre tuteur, obligé de fournir caution, promettait, par stipulation, *rem pupilli salvam fore*. En pareil cas l'obligation principale dérivait, non plus d'un quasi-contrat, mais d'un contrat *verbis*.

4° Obligations nées d'un délit ou d'un quasi-délit.

La loi 8 § 5 à notre titre pose le principe : Toute obligation née d'un délit peut être garantie par un fidéjusseur. La loi 56 § 3 à notre titre applique ce principe à la créance sanctionnée par l'action *furti* et à la créance de la loi *Aquilia*. En donnant un fidéjusseur, l'auteur du délit pouvait obtenir de ne pas être actionné immédiatement.

On voit ainsi quelle était l'exacte signification de l'adage : *maleficiorum fidejussio nulla est*, que Gaius rappelle et précise dans la loi 70 § 5 à notre titre. Cet adage veut dire que la fidéjussion ne peut avoir lieu dans un but immoral ou illicite, comme celui d'assurer le partage des produits d'un vol, ou le paiement d'une indemnité pécuniaire promise, en cas de condamnation, à l'auteur du délit par celui qui l'aurait conseillé. Mais cette maxime n'avait nullement pour objet d'empêcher la réparation d'un délit au profit de la victime, et la fidéjussion était alors parfaitement valable.

Des obligations au point de vue de leur objet.

Si la cause de l'obligation principale était indifférente à la validité de la fidéjussion, il en était de même de l'objet, qu'il fût une dation, un fait ou une abstention.

Quand l'obligation principale avait pour objet un fait ou une abstention, il fallait prêter une grande attention aux termes employés dans l'interrogation et la réponse. Le fidéjusseur, comme nous l'avons vu, devait se garder de promettre le fait d'autrui. Il ne pouvait s'engager non plus à accomplir lui-même le fait qui devait être exécuté par le débiteur, car alors l'obligation principale ayant pour objet le fait du débiteur, et l'obligation accessoire ayant pour objet le fait du fidéjusseur, il n'y aurait plus eu identité entre les deux obligations, identité indispensable à la formation du contrat de fidéjussion, ainsi qu'il sera bientôt démontré.

Mais alors quel pouvait être l'objet de la stipulation si ce n'était ni le fait du débiteur, ni le fait personnel du fidéjusseur ? Ce qu'il devait garantir, c'était l'évaluation en argent du préjudice causé par l'inexécution de l'obligation principale.

Deux exemples vont nous fournir la preuve de cette règle.

Le premier exemple est tiré de la loi 31, D. XLVI. III, *De Solut. et Liber.*

Un constructeur avait promis d'exécuter certains travaux et un fidéjusseur avait garanti cette promesse. Si le constructeur se refusait à remplir ses engagements, le fidéjusseur, dit Ulpien, ne pouvait se libérer en exécutant lui-même les travaux. Le créancier avait le droit de s'y opposer.

La fin de la loi prévoit le cas d'une obligation de ne pas faire, d'une obligation ayant pour objet une abstention. Une personne avait stipulé d'une autre qu'elle la laisserait passer sur son fonds, et un fidéjusseur était intervenu. Ulpien déclare que si l'obstacle au passage vient du fidéjusseur, ce dernier n'était pas tenu en vertu de la stipulation fidéjussoriale, qui n'avait pas pour objet l'abstention du fidéjusseur. Il est facile d'en conclure par argument *a contrario* qu'il était obligé en vertu de la stipulation, si l'abstention n'avait pas été observée par le débiteur principal.

Le second exemple est emprunté à la loi 44 à notre titre : Une personne s'était engagée vis-à-vis d'un tiers à exécuter un certain travail, et avait fourni un fidéjusseur. La fidéjussion était valable, mais le fidéjusseur pouvait-il être poursuivi ? Il faut distinguer : Si le créancier faisait exécuter le travail par un autre ouvrier, le prix du travail de cet ouvrier pouvait être réclamé au fidéjusseur. Mais si le créancier s'était chargé lui-même du travail, comme l'évaluation en argent devenait impossible, il ne pouvait plus agir contre la caution.

Des obligations au point de vue de leur sanction.

Considérées au point de vue de leur sanction, les obligations se divisaient en civiles, prétoriennes et naturelles.

L'obligation civile était celle qui était sanctionnée par une action de droit civil. L'obligation prétorienne était celle qui était munie d'une action par le préteur ; enfin l'obligation naturelle était dépourvue d'action et son existence se manifestait seulement par l'impossibilité d'intenter la *condictio indebiti.*

Toutes pouvaient être garanties par un fidéjusseur (l. 8, § 2 et 16, § 3 et 4, à notre titre). Mais nous nous occuperons spécialement de l'accession d'une stipulation fidéjussoriale à une obligation naturelle, que l'obligation naisse avec ce caractère ou qu'elle résulte de la transformation d'une obligation civile antérieure.

I. — Obligations naturelles qui naissent avec ce caractère.

L'*esclave*, n'ayant pas de personnalité juridique, ne pouvait contracter d'obligation civile, mais il subsistait à sa charge une obligation naturelle, base suffisante pour la fidéjussion.

De même, lorsque l'*impubère* contractait *sine tutoris auctoritate,* il n'était obligé que naturellement, mais cette obligation naturelle pouvait être cautionnée par un fidéjusseur. Cette solution résulte de la loi 127, D. XLV. I. *De Verb. Oblig.*

Un pupille avait promis l'esclave Stichus *sine tutoris auctoritate* et avait fourni un fidéjusseur. Stichus meurt après la mise en demeure du pupille. Cette mise en demeure ne produisait aucun effet, puisqu'il n'y avait pas d'action possible : dès lors le fidéjusseur était libéré par la mort de Stichus par cas fortuit. Il en eût été autrement s'il avait été poursuivi du vivant de l'esclave o.. s'il avait été mis lui-même en demeure.

A l'impubère, il faut assimiler la *femme en tutelle* et la *fille de famille* même pubère, enfin le *pubère mineur de vingt-cinq ans* à partir de l'époque où il ne peut plus s'engager seul civilement *sine consensu curatoris.* Quand il pouvait contracter une obligation civile, par exemple quand il n'avait pas de curateur, un fidéjusseur pouvait garantir l'obligation et bénéficiait dans certains cas de la *restitutio in integrum.*

Le Furiosus. — Les aliénés se divisaient, en droit romain, en deux catégories : les *mente capti,* ou personnes dont la folie est continue, les *furiosi,* personnes dont la folie est intermittente, accompagnée d'intervalles lucides. Dans ces intervalles, un *furiosus* avait une capacité aussi pleine et aussi entière que celle d'un homme parfaitement sain d'esprit. Quand la folie revenait, il était assimilé au *mente captus,* c'est-à-dire absolument incapable. Ses actes étaient sans conséquences juridiques, et il ne subsistait même pas à sa charge d'obligation naturelle (l. 70, § 4 à notre titre).

Toutefois Gaius nous apprend (l. 6, D. XLV. I. *De Oblig. Verb.*) qu'un fidéjusseur pouvait parfois valablement garantir une obligation à la charge du *furiosus* ; c'était quand cette obligation pouvait se former *re*, indépendamment du consentement du débiteur. Ainsi un insensé est dans l'indivision avec un tiers qui a fait des frais dans l'intérêt commun. En pareil cas l'action *communi dividundo* pouvait être intentée contre le *furiosus* et un fidéjusseur pouvait intervenir (l. 46, D. XLIV. VII. *De Oblig. et Action.*).

Si l'on n'avait que ces textes, la question ne ferait aucune difficulté. Malheureusement il est une loi au Digeste qui semble venir contredire l'exactitude de ces solutions et a mis à l'épreuve la patiente sagacité des interprètes, c'est la fameuse loi 25 à notre titre, ainsi conçue :

Marcellus scribit : *Si quis pro pupillo sine tutoris auctoritate obligato, prodigo ve vel furioso fidejusserit : magis esse ut ei non subveniatur, quoniam his mandati actio non competit.*

Cette loi suppose qu'un fidéjusseur a cautionné soit un pupille obligé *sine tutoris auctoritate*, soit un prodigue, soit un insensé, et elle déclare qu'on ne viendra pas au secours du fidéjusseur attendu qu'il n'a pas d'action *mandati* à exercer.

Ainsi le texte semble consacrer implicitement la vali-

dité de la fidéjussion, puisqu'il reconnaît que le fidéjusseur n'a pas de recours. Cette interprétation est conforme à la version des Basiliques — *Qui fidejussit pro
pupillo sine tutoris auctoritate obligato, prodigove vel
furioso, tenetur quidem ; mandati autem actionem adver-
sus eos non habet.* — Comment expliquer cette décision
pour le fidéjusseur d'un *furiosus*, alors qu'il faut tout
au moins, pour qu'il soit obligé, que le *furiosus* soit
tenu naturellement ?

Des interprètes prennent le parti de reconnaître qu'il
est impossible de concilier des textes contradictoires.
Mais il est difficile d'accepter cette résignation, car si
les jurisconsultes romains avaient été en désaccord,
Ulpien qui rapporte l'opinion de Marcellus aurait signalé
la controverse. Il faut donc chercher une solution autre
que cette conclusion négative.

Dans une première opinion enseignée par Cujas et
Pothier, la loi 25 aurait en vue le cas que nous avons
signalé plus haut où un fidéjusseur pouvait se trouver
obligé *re, quasi ex contractu.* Dans ce cas en effet un
fidéjusseur pouvait intervenir, et la loi 25 aurait eu pour
but de priver ce fidéjusseur de toute action récursoire
contre le *furiosus.*

Mais on a fait observer avec raison que si le texte se
référait à cette hypothèse particulière, Ulpien ne pouvait
se dispenser de l'indiquer et que les termes généraux de
la loi ne permettent pas d'en restreindre ainsi arbitrai-
rement la portée. D'ailleurs si le fidéjusseur était obligé,

il avait sinon l'action *mandati*, tout au moins l'action *negotiorum gestorum* contre le *furiosus* (L. 3, § 5, D. XII, V, *De neg. gest.*) ; on ne peut s'arrêter à cette explication de Favre que le fidéjusseur ne pouvait avoir ni l'action de mandat parce que le *furiosus* ne pouvait contracter, ni l'action de gestion d'affaires parce qu'il s'était présenté comme mandataire. Il y aurait là un résultat d'une iniquité trop choquante pour supposer qu'il ait été admis.

Une autre tentative de conciliation a été faite par M. Machelard, adoptant l'opinion de Noodt, Vinnius et Gluck. D'après eux, les lois 70 et 25 auraient en vue deux situations différentes. La loi 70 viserait le cas où le fidéjusseur s'est engagé ignorant l'état du *furiosus* ; la loi 25 aurait au contraire en vue un fidéjusseur qui aurait cautionné sciemment un insensé. Sans doute on pourrait objecter que toute obligation faisant défaut de la part du *furiosus*, on transforme ainsi l'obligation du fidéjusseur en une obligation principale, quand le caractère accessoire est de l'essence même de ce contrat. On fait alors remarquer que la loi 25 parle, non pas d'un *mente captus*, mais d'un *furiosus*, c'est-à-dire d'un individu qui peut contracter des engagements valables pendant les intervalles lucides. Il y a incertitude sur le point de savoir s'il jouissait de ses facultés mentales quand il s'est obligé et cette incertitude suffit pour justifier l'intervention d'un fidéjusseur.

Nous croyons que ce système doit être rejeté. D'abord

rien n'indique ni que la loi 70 se soit occupée d'un fidéjusseur contractant dans l'ignorance de l'état mental du
débiteur principal, ni que la loi 25 ait eu en vue un
fidéjusseur contractant en connaissance de cause. Ce
sont des conjectures qui ne reposent sur aucune preuve.
De plus, reproche plus grave encore, l'explication que
l'on propose n'en est pas une en réalité. En effet quand
le fidéjusseur, poursuivi par le créancier, opposera l'in-
existence de l'obligation principale, de deux choses
l'une : ou il sera reconnu que le débiteur était sain d'esprit et le fidéjusseur sera tenu, parce qu'il y a une obligation principale, ou on établira la folie du débiteur au
moment où il a contracté, et alors le fidéjusseur sera
libéré. Prétendre qu'alors le fidéjusseur pourrait être
poursuivi, c'est laisser subsister dans toute sa force l'objection que l'obligation du fidéjusseur serait, en cette
hypothèse, une obligation principale.

Dans un troisième système, on fait subir à la loi une
légère modification ; on transpose les mots *ei* et *his*, et
on lit le texte de la façon suivante : *magis esse ut his
non subveniatur, quoniam ei mandati actio non competit.*
Il se traduirait ainsi : Il n'est pas besoin de venir au
secours de l'incapable, parce qu'il n'a pas à craindre
une action *mandati* intentée contre lui par le fidéjusseur. Ce serait la seule question à laquelle Marcellus
répondrait : la question de la protection des incapables,
et il ne se préoccuperait pas de décider si la fidéjussion
est nulle ou valable. On fait remarquer, pour justifier

cette opinion, que le fragment est emprunté à un commentaire d'Ulpien relatif aux incapables (L. 13 et 16, D. IV, IV, *De minor.*).

Cette interprétation ne nous paraît pas non plus très satisfaisante. A quoi bon dire que l'incapable n'a pas à redouter une action récursoire, s'il n'y a pas de fidéjusseur ? Cette conséquence était trop évidente pour qu'il fût besoin de la formuler ; et il nous semble que si le jurisconsulte se préoccupe du point de savoir si l'action *mandati* peut être intentée, c'est qu'il suppose implicitement la possibilité d'intenter cette action, c'est-à-dire la validité de l'engagement du fidéjusseur.

Pour nous, nous pensons que le texte est absolument inexplicable, si on admet qu'il est relatif à la fidéjussion, et c'est pourquoi nous croyons qu'il faut lui faire subir une autre modification. Le texte primitif se rapporterait, d'après nous, à la *sponsio* et à la *fidepromissio*, et il aurait été altéré et remanié pour le mettre d'accord avec la législation existante à l'époque de Justinien. Cette conjecture n'a assurément rien d'extraordinaire et elle a l'avantage de supprimer toute difficulté d'interprétation. Marcellus aurait écrit : — *Si quis, pro pupillo sine tutoris auctoritate obligato, prodigove vel furioso, spoponderit aut fidepromiserit.....* — De cette façon le texte s'explique parfaitement ; nous avons vu en effet que la *sponsio* et la *fidepromissio* pouvaient subsister, à la différence de la fidéjussion, malgré la nullité de l'obligation principale.

Prodigue. — Le prodigue est capable d'acquérir, de rendre sa condition meilleure ; mais il ne peut l'empirer ; il ne peut s'obliger civilement. Existait-il au moins à sa charge une obligation naturelle, de telle sorte qu'un fidéjusseur pût intervenir ?

Des auteurs l'ont prétendu. Il y aurait, dit Machelard, contradiction à admettre une obligation naturelle de la part du pupille, et à la repousser de la part du prodigue. Ce dernier ne saurait, d'après le *jus gentium,* au point de vue de l'équité, être soustrait à l'aptitude pour une obligation naturelle que l'on reconnaissait chez l'impubère (1).

Cette opinion, très justifiée peut-être au point de vue de nos idées modernes sur la capacité des interdits, est condamnée par les textes du droit romain de la manière la plus formelle. Les textes assimilent le prodigue, non pas à l'impubère, mais au *furiosus,* comme si la dissipation du patrimoine était pour les Romains un acte de véritable démence : *Furiosi vel ejus, cui bonis interdictum sit, nulla voluntas est,* dit Pomponius (loi 40, D. L. XVII, *De reg. jur.*) ; et Ulpien exprime la même opinion avec autant d'énergie et plus de précision encore. *Is cui bonis interdictum est, stipulando sibi adquirit ; tradere vero non potest, vel promittendo obligari ; et ideo nec fidejussor intervenire poterit, sicut nec pro furioso* (L. 6, D. XLV, I, *De verb. oblig.*).

Ainsi donc il résulte de ces deux citations qu'il n'y

____

(1) Machelard, *Traité des obligations naturelles,* p. 267.

avait pas d'obligation naturelle à la charge du prodigue, et qu'il ne pouvait y avoir de fidéjussion valable. La loi 25 ne contredit pas notre opinion ; on n'en pourrait tirer un argument défavorable que dans le deuxième système d'interprétation que nous avons exposé plus haut et que nous croyons avoir réfuté.

II. Obligations naturelles survivant à une obligation civile.

Capitis minutio. — Toute *capitis minutio* entraînait l'anéantissement de la personne civile. Mais elle avait des degrès ; elle était *minima*, *media* ou *maxima*. Il y avait *capitis minutio minima*, si elle portait sur la famille seule ; il y avait *capitis minutio media*, si elle portait sur la cité et la famille. Enfin il y avait *capitis minutio maxima*, quand elle entraînait avec la perte de la cité et de la famille, la perte de la liberté.

A. *Minima capitis minutio.* — Les obligations civiles étaient éteintes, par exemple en cas d'adoption ou d'a-drogation, mais il survivait une obligation naturelle et par conséquent le fidéjusseur qui s'était engagé continuait à être tenu (1. 60, pr. D. à notre titre).

B. *Media capitis minutio.* — La loi 47 (à notre titre) prévoit le cas d'un débiteur condamné à la déportation, condamnation qui avait été substituée à la peine plus ancienne de l'interdiction de l'eau et du feu, et entraînait la confiscation des biens attribués au fisc. Dès lors les obligations contractées par le déporté étaient éteintes comme s'il était mort ; quand bien même il recouvrerait ensuite une certaine fortune, il ne pouvait plus s'obliger ni civilement ni naturellement, et un fidéjusseur ne pouvait intervenir en sa faveur. Toutefois si la confiscation n'avait été que partielle, le condamné restait tenu *jure prætorio* en proportion des biens qu'il conservait, et dans cette mesure, il pouvait fournir un fidéjusseur. (L. 1, l. VIII, XLI. *De fides et Mandat.*).

Mais si une dette antérieure à cette *media capitis minutio* avait été cautionnée, le fidéjusseur ne pouvait profiter de la libération du *reus*. Telle est la solution consacrée par la loi 20, C. VIII, XLI. *De fidej. et Mandat.* — et tel est aussi le sens probable de la loi 19, D. XLV, II, *De duob. reis constit.* si l'on a le soin de faire porter *postea* sur *tenetur*, et non sur *datus*, et d'éviter ainsi une contradiction avec la loi 47.

Si la *media capitis minutio* était le résultat d'un changement de nationalité, *jure civili* le débiteur était libéré; mais comme il conservait ses biens, il était sans doute tenu *jure prætorio*, et un fidéjusseur pouvait accéder à cette obligation prétorienne. Le silence des textes à cet égard s'explique facilement, car cette hypothèse de *media capitis minutio* devait se présenter rarement.

Maxima capitis minutio. — Si une obligation naturelle ne survivait pas à la *media capitis minutio*, à plus forte raison en était-il de même quand elle était *maxima*, c'est-à-dire quand le débiteur devenait esclave. Les fidéjusseurs cessaient d'être tenus pour lui, mais ils l'étaient encore pour le *dominus* qui recueillait les biens ou pour l'État si c'était un *servus pœnæ*.

Si plus tard le *servus domini* retrouvait la liberté par l'affranchissement, il ne recouvrait pas sa situation antérieure et la caution restait libérée à son égard. Mais s'il s'agissait d'un *servus pœnæ*, et qu'il fut gracié avec la remise des biens, en vertu d'une fiction semblable à celle du *jus postlimini*, il était réintégré rétroactivement dans son ancien état, et par suite le fidéjusseur continuait à être garant des dettes qu'il avait cautionnées avant son esclavage. (L. 3, 4, C. VIII, XLI. *De fidej. et Mandat. Sentences* de Paul, IV, VIII, 24).

Litis contestatio. — Lorsqu'une action avait été déduite en justice, et qu'elle avait abouti à la rédaction de la formule, les Romains disaient qu'il y avait alors *litis contestatio*. L'obligation primitive était novée et transformée en un droit d'obtenir une condamnation. Comme le dit Gaius (III, 180), le débiteur ne doit plus qu'en vertu de la *litis contestatio* : *Incipit teneri reus ex litis contestatione.* Il n'est plus obligé en vertu du contrat ; par suite de cet effet extinctif de la *litis contestatio*, les cautions étaient libérées.

Mais si l'obligation primitive n'existait plus comme obligation civile, elle subsistait encore comme obligation naturelle et pouvait être par conséquent garantie par un nouveau fidéjusseur. (L. 8, § 3 à notre titre).

Lorsque le procès avait abouti à un jugement, ce jugement produisait une nouvelle transformation de la créance. Le débiteur n'était plus tenu *ex litis contestatione*, mais *ex causa judicati*. Cet effet extinctif du jugement profitait aussi au fidéjusseur. Seulement tandis qu'après la *litis contestatio*, sa libération se produisait tantôt de plein droit, tantôt *exceptionis ope*, après le *judicium*, la fidéjussion n'était jamais anéantie de plein droit. Le fidéjusseur, pour repousser la demande nouvelle du créancier, devait faire insérer dans la formule l'exception *rei judicatæ*.

A la différence de la *litis contestatio*, le *judicium* lorsqu'il s'était terminé par l'absolution du défendeur, ne laissait pas subsister d'obligation naturelle ; par suite un nouveau fidéjusseur ne pouvait intervenir.

C'était là en effet une conséquence nécessaire du principe de l'autorité de la chose jugée. Si on avait reconnu la persistance d'une obligation naturelle, on aurait permis ainsi indirectement de contester la vérité de la chose jugée. A cet égard, il en était de l'absolution comme du serment qui ne laissait pas subsister d'obligation naturelle. Le débiteur qui payait par erreur pouvait donc intenter la *condictio indebiti*, et les sûretés antérieurement accordées s'évanouissaient : Loi 40, D. XII, II, *De jurejur*. L. 13, D. XX, VI, *Quib. mod. pign. vel. hypoth. solv.*

Cette opinion n'est pas admise par tous les interprètes et plusieurs d'entre eux ont essayé de soutenir qu'une obligation naturelle survivrait à la sentence d'absolution. Ils se sont appuyés sur la loi 60, D. XII, VI, *De condict. Indeb.*

Un débiteur paie entre la *litis contestatio* et la sentence ; puis il est absous. Julien déclare qu'après la sentence d'absolution, il est encore tenu naturellement, et Paul qui le cite paraît approuver sa décision. Pour répondre à cette objection, on a essayé de prétendre que le texte avait été altéré et remanié. Mais sans lui faire subir aucune modification, on peut encore l'expliquer ; on n'a qu'à supposer, avec Machelard que la loi se réfère au cas où le débiteur a été absous, non parce que la dette n'existait pas, mais parce que le créancier ne pouvait en réclamer le paiement en justice, par exemple si son action avait été repoussée par l'exception du sénatus-consulte Macédonien.

Quant à la loi 28, D. XII, VI, *De condict. indeb.* que l'on a invoquée aussi contre notre opinion, on ne saurait en tirer argument. Paul décide que si un débiteur absous par erreur paie ensuite spontanément, il ne peut répéter. Il n'est pas besoin pour justifier cette opinion d'admettre la survivance d'une obligation naturelle. Si le débiteur ne peut exercer la *condictio indebiti*, c'est qu'il n'a pas payé par erreur, mais sciemment, parce qu'il a reconnu l'injustice de la sentence d'absolution. Or on sait que l'erreur est une condition essentielle pour que l'on puisse répéter.

Bien entendu, l'obligation naturelle n'avait disparu que si le jugement avait porté sur le fonds même du procès. Si le créancier avait été débouté de sa demande par suite d'un simple vice de procédure, par exemple la *plus petitio*, sa déchéance résultant de règles arbitraires, était contraire à l'équité, et par conséquent, il subsistait une obligation naturelle. Si aucun texte ne prévoit cette hypothèse, c'est qu'à l'époque de Justinien, la plus *petitio* ne produisait plus ses effets rigoureux.

Prescription. — On sait que c'est une question ardemment controversée en droit romain que celle de savoir si la prescription laissait subsister une obligation naturelle. Nous n'avons pas à l'examiner ici dans tous ses détails et nous devons nous contenter d'étudier les textes relatifs à la fidéjussion.

Un débiteur, libéré par la prescription, fournit par erreur un fidéjusseur, la fidéjussion est nulle, *fidejussor non tenetur, quoniam erroris fidejussio nulla est* (L. 37, à notre titre).

Les auteurs, qui prétendent que la prescription laisse subsister une obligation naturelle, sont fort embarrassés pour expliquer ce texte. Les uns déclarent que Paul fait allusion à un débiteur qui avait limité son obligation à un certain temps ; d'autres supposent que le texte a été altéré et qu'il parlait primitivement d'un *sponsor* dont l'obligation s'éteignait au bout de 2 ans ; d'autres enfin soutiennent que la loi 37 n'est qu'une application de cette idée que les exceptions qui compètent au débiteur peuvent être invoquées par le fidéjusseur. Toutes ces opinions sont purement hypothétiques et ne s'appuient sur aucune preuve.

De Savigny qui affirme aussi la persistance d'une obligation naturelle, défend ingénieusement sa thèse en s'autorisant de la loi 37 elle-même. Puisque, dit-il, le fidéjusseur n'est libéré que s'il y a eu erreur, c'est donc qu'en l'absence d'erreur, la fidéjussion est valable. Or, pour qu'il en soit ainsi, il faut au moins qu'elle ait pour base une obligation naturelle. — On a répondu avec raison que c'était un argument inverse qu'il fallait tirer de la loi 37. En effet si le débiteur restait obligé naturellement malgré la prescription, la fidéjussion eut été valable qu'il y ait eu ou non erreur. La vérité c'est que le débiteur est entièrement déchargé de toute obligation après la prescription ; mais il est libre de renoncer à s'en prévaloir et s'il ne l'invoque pas, la caution qu'il fournit est valablement engagée. Elle n'est libérée que si le débiteur s'est trompé et l'a fait intervenir ignorant qu'il pouvait se réclamer de l'extinction de son obligation par le laps de temps.

On peut aussi conclure à la nullité de la fidéjussion d'un texte d'Africain, la loi 38 § 4. D. XLVI. III. *De Solut. et Liber.* Une personne tenue d'une obligation temporaire, s'absente pour le service de l'État. En son absence on ne pouvait l'actionner ; dès lors, si l'absence se prolongeait pendant tout le temps où l'on pouvait agir contre elle, le créancier se trouvait déchu de son droit, sans qu'il y eût pourtant aucune faute à lui reprocher.

Le préteur vint à son secours en lui permettant, par là *restitutio in integrum*, d'intenter encore l'action pendant une année utile à partir du retour de l'absent. Un fidéjusseur garantit l'obligation de l'absent, et l'année se passe sans que le créancier se décide à agir. L'obligation principale était éteinte par la prescription ; le fidéjusseur pouvait-il se considérer commme libéré ?

Il ne l'était pas s'il subsistait une obligation naturelle. Cependant Africain consacre la solution inverse, puisqu'il décide que pour pouvoir agir contre le fidéjusseur, le créancier doit demander au préteur le secours d'une *restitutio in integrum*. Il est vrai que Savigny essaie de repousser l'argument tiré de la loi 38, en alléguant que le texte devait primitivement se référer à l'hypothèse d'un *sponsor*. Mais ici encore une fois c'est une affirmation purement conjecturale.

Si à l'époque classique on ne peut conclure à la survivance d'une obligation naturelle, à plus forte raison en est-il de même, bien qu'on l'ait également contesté, de la prescription trentenaire introduite par Théodore le jeune, puisqu'elle était fondée sur une présomption de libération.

Des obligations au point de vue de leur nature.

A ce point de vue, l'obligation était principale ou accessoire, et l'une comme l'autre pouvait être cautionnée. Ainsi un fidéjusseur pouvait garantir l'obligation d'un fidéjusseur antérieur ; il portait alors le nom de *fidejus-*

sor fidejussoris, ce qui correspond au certificateur de caution du droit français.

Dans cette hypothèse, il n'y avait pas deux cofidéjusseurs garantissant la même dette, mais le premier fidéjusseur jouait à l'égard du second le rôle de débiteur principal. Il ne pouvait donc invoquer contre lui le bénéfice de division, tandis qu'au contraire le second garant pouvait se prévaloir contre lui du bénéfice de discussion (L. 4 et 27, § 4 à notre titre).

L'obligation du premier fidéjusseur étant née d'un contrat *verbis*, la seconde caution pouvait être un *sponsor* ou un *fidepromissor*. C'est ainsi qu'une créance dérivant d'un autre contrat qu'un contrat *verbis*, pouvait être indirectement, par l'intermédiaire d'un fidéjusseur, garantie par la *sponsio* ou la *fidepromissio*.

CHAPITRE II

Il doit y avoir identité d'objet entre l'obligation principale et l'obligation fidéjussoriale.

Cette règle qui résulte de la nature de la fidéjussion, contrat accessoire, résultait aussi des termes employés dans l'interrogation : *Idem fide tua esse jubes*? Si donc le fidéjusseur s'engageait *in aliam causam*, le contrat ne se formait pas.

Par application de cette règle, Javolénus décide (l. 42 à notre titre) que si une personne, créancière d'une somme d'argent, stipule d'un fidéjusseur mille mesures de froment, la fidéjussion est nulle. En effet, dit le jurisconsulte, le fidéjusseur s'est engagé *in aliam causam*, parce que si l'argent peut servir d'estimation au blé, le blé ne peut servir d'estimation à l'argent — l'argent a ce caractère spécial d'être une commune mesure à laquelle tout se ramène. De ce motif il faut logiquement conclure que si le débiteur principal avait promis des marchandises, et le fidéjusseur de l'argent, le cautionnement serait valable.

Nous trouvons un autre exemple dans la loi 38 (à notre titre) : Un débiteur ayant promis Stichus ou Pamphile, un fidéjusseur s'engageait en se réservant le choix. La fidéjussion était nulle, car il n'y avait pas identité entre les deux obligations. De plus, comme le fidéjusseur aurait pu se libérer en donnant celui que n'avait pas choisi le débiteur principal, il aurait aggravé sa position, ayant contre lui un recours pour le prix de l'esclave. Cette seconde raison, qui n'est pas d'ailleurs invoquée par Marcellus, n'était vraie que dans le cas où la caution, ayant été choisie par le débiteur principal, il avait contre lui l'action *mandati.* Car si le fidéjusseur s'était engagé spontanément et sans son ordre, il n'aurait pu intenter l'action *negotiorum gestorum,* le débiteur pouvant à bon droit prétendre qu'il avait mal géré ses affaires.

Marcellus suppose que la convention laissait au — *reus* — le droit de choisir ; mais la solution serait la même en l'absence de toute clause de ce genre ; dans le silence de la convention le choix appartenait au débiteur.

Une question délicate se posait en matière d'usufruit. On se demandait si l'usufruit devait être considéré comme un droit spécial ou comme une partie de la propriété.

A beaucoup de points de vue, on considérait l'usufruit comme un droit spécial et cette appréciation était probablement la règle, s'il était vrai que le mot «*pars*» désignât une fraction de même nature que le tout (L. 25, D. L. XVI. *De Verb. Signif.*).

Ainsi un propriétaire et un usufruitier d'un même fonds n'étaient pas dans l'indivision et ils ne pouvaient réclamer le partage par l'action *communi dividundo,* ce qui eut été possible, si l'on avait admis qu'ils eussent l'un et l'autre deux parties d'un même tout.

Quand une stipulation avait pour objet une *datio rei*, bien que le créancier pût faire une acceptilation partielle; une acceptilation relative à l'usufruit était inefficace.

L'usucapion d'un bien grevé d'usufruit laissait en principe subsister l'usufruit comme l'hypothèque, ce qui prouve bien que l'usufruit n'était pas une *pars dominii*.

Quand un legs d'usufruit était fait à plusieurs légataires et qu'il y avait lieu à accroissement, cet accroissement se faisait *portionis personæ* et non *portioni*.

Pourtant, dans plusieurs hypothèses, on regardait l'usufruit comme une *pars dominii* (l. 4, D. VII,1. *De Usufr.*).

Ainsi un testateur léguant un fonds grevé d'usufruit était censé léguer la pleine propriété absolument comme un co-propriétaire. S'il avait légué son fonds, il pouvait révoquer le legs pour l'usufruit, comme il le pouvait pour un tiers, un quart de la chose.

Quand une première stipulation avait pour objet la propriété d'un fonds, il était inutile de stipuler ensuite l'usufruit, si l'on n'avait pas l'intention de nover.

Quand une personne renonçait à la propriété d'un fonds, elle ne pouvait en réclamer ensuite l'usufruit.

Quand un débiteur obtenait un pacte de remise, il pouvait s'en prévaloir à l'égard de l'usufruit.

C'est cette dernière opinion qu'admet Gaius à l'égard du fidéjusseur. En conséquence si le débiteur a promis la propriété du fonds, le fidéjusseur ne s'engage pas *in aliud* en promettant l'usufruit, et il est valablement obligé (Loi 70, § 2 à notre titre).

CHAPITRE III

L'obligation fidéjussoriale ne peut avoir plus d'étendue que l'obligation principale.

Cette règle, nouvelle conséquence naturelle du caractère accessoire de la fidéjussion, doit s'entendre uniquement de l'objet de l'obligation principale et non de son efficacité. C'est ainsi qu'il peut arriver parfois que le fidéjusseur soit poursuivi, quand le débiteur est à l'abri de toute action, par exemple, s'il ne peut invoquer une exception personnelle au *reus*, ou s'il a cautionné une obligation naturelle. Mais, cette restriction formulée, la règle s'applique, et les textes romains l'expriment en disant que le fidéjusseur ne peut être engagé *in duriorem causam*.

Il peut y avoir *durior causa* de 4 manières : *re, tempore, modo, loco*.

I. *Durior causa re.*

Il y avait *durior causa re* quand l'objet de l'obligation fidéjussoriale avait une valeur supérieure à celle de l'objet de l'obligation principale. Ainsi le débiteur promet 10 et le fidéjusseur promet 20.

Quel était alors le sort de l'obligation fidéjussoriale ?

Quelques auteurs, et parmi eux Dumoulin, ont prétendu que l'obligation du fidéjusseur n'était pas alors radicalement nulle, et qu'elle était seulement réductible. L'opinion contraire serait d'une iniquité manifeste. Sans doute Ulpien (loi 8, § 7 à notre titre) déclare que l'obligation tombe toute entière. *Illud commune est in universis, qui pro aliis obligantur, quod si fuerint in duriorem causam adhibiti, placuit eos omnino non obligari.* Mais ce texte a dû être altéré ; il faut supprimer *omnino*, ou faire une interversion de termes et lire : *non omnino*, au lieu de *omnino non*.

De nombreux textes autorisent cette modification.

Ainsi quand un promettant s'engage à donner au stipulant une somme supérieure à celle qu'il demande, l'obligation est valable jusqu'à concurrence de la somme stipulée. (L. 1, § 4, D. XLV, 1.)

Quand le pacte de constitut contient une somme plus forte que celle de l'obligation principale, il est réductible et non pas nul (L. 11, § 1, D. XIII, V, *De pecun. constit.*).

Enfin la loi 33, D. XVII, I, *Mandat. vel contr.* qui prévoit l'hypothèse même que nous examinons, c'est-à-dire celle d'un fidéjusseur engagé pour une somme supérieure à celle stipulée du débiteur, accorde au fidéjusseur l'action *mandati* jusqu'à concurrence de la valeur de l'obligation principale. C'est donc que la fidéjussion est valable dans cette mesure.

Nous estimons au contraire que la fidéjussion était nulle pour le tout, et non pas seulement réductible. Cette solution découle d'abord du caractère formaliste de la fidéjussion qui devait se modeler exactement sur l'obligation principale. S'en étonner, c'est méconnaître les règles rigoureuses du formalisme primitif qui imposent l'observation scrupuleuse de rites solennels, la récitation exacte de paroles invariables. Changer un mot, altérer le rythme de la formule, c'était lui faire perdre toute valeur et toute efficacité. — Toute déviation de la forme prescrite la viole, dit Ihering ; distinguer entre le plus et le moins, entre l'essentiel et le non-essentiel conduit au plus pur arbitraire. Car où serait la limite ? Du moment qu'un mot est déclaré essentiel, comment pourrait-il être remplacé par un mot équivalent ? S'il y en a plusieurs, quel est celui que l'on pourrait émettre ? Un ordre déterminé de mots est-il prescrit ? En quoi pourrait-on l'intervertir ? Il n'y a ici ni petit ni grand ; la plus petite chose pèse absolument autant que la plus grande ; l'exactitude la plus minutieuse et la rigueur la plus sévère sont si inévitablement imposées par l'idée du formalisme que celui qui les rejette, doit rejeter l'organisation toute entière, et que celui qui accepte celle-ci, doit subir également celles-là dans leur inflexibilité. — Il n'y a pas plus d'iniquité à reconnaître dans notre hypothèse la nullité radicale de la fidéjussion, qu'il n'y en avait dans la déchéance encourue par le demandeur en cas de *plus petitio*.

Les textes contrediraient-ils cette solution logiquement déduite du caractère de notre contrat? Il en est un seul, comme nous allons le démontrer, qui s'occupe de la question de savoir si l'obligation du fidéjusseur est nulle ou réductible, c'est la loi 8, § 7, et il déclare que le fidéjusseur n'est pas obligé du tout, *omnino non obligari*. Il est trop commode, pour se débarrasser d'un texte gênant, de le modifier suivant ses opinions personnelles, et bien des raisons s'opposent d'ailleurs à ce que l'on puisse ici se permettre cette liberté.

D'abord la version des Basiliques traduit *omnino non obligari*, par οοδ'ολως ενεχειται dont le sens est exactement le même que celui de la phrase latine.

De plus, avec la correction proposée, le texte ne se comprend plus. Ulpien donne en effet cette décision comme générale et s'appliquant à tous les cas de *durior causa*. Or comment expliquer le texte modifié s'il s'agit de *durior causa loco* par exemple? Il ne peut s'agir alors de réduire l'obligation du fidéjusseur. Le système adverse conduit ainsi à dénaturer complètement la phrase d'Ulpien, à la rendre obscure et incompréhensible. C'est déjà un motif suffisant pour le rejeter.

En outre, les textes que l'on invoque n'ont pas la signification qu'on leur prête un peu complaisamment :

La loi 1, § 4 D. XLV, I, suppose qu'il n'y a pas eu concordance entre l'interrogation et la réponse. Le créancier a stipulé 10 et le débiteur a promis 20 (1). Mais dans

---

(1) Nous reconnaissons d'ailleurs volontiers que cette décision de la loi 1 § 4, conforme au principe *utile per inutile non vitiatur* est en contradiction avec les règles impérieuses du formalisme. Aussi est-il probable qu'elle est assez récente et qu'à l'origine on se prononçait pour la nullité radicale de la stipulation.

notre hypothèse la question est tout autre. Il ne s'agit pas de désaccord entre la demande du créancier et la réponse du fidéjusseur, mais de désaccord entre l'obligation principale et l'obligation accessoire. On ne peut donc tirer aucun argument de ce texte.

De même on ne peut rien conclure des lois 11 § 1 et 12. D. XIII, V, relatives au pacte de constitut. Le pacte de constitut est un contrat de bonne foi, créé par le préteur, et qui devait dès lors s'interpréter conformément à l'équité. La fidéjussion au contraire était un contrat de droit strict où l'on tenait compte de la forme de l'engagement et non de l'intention des parties. Cette différence dans les effets des deux contrats était la conséquence naturelle de la différence de leur origine et de leur nature.

Enfin la loi 33 D. XVII, 1, ne se réfère pas non plus à la question que nous examinons. Julien suppose qu'un débiteur demande à un tiers de se porter fidéjusseur. Si, dit-il, le tiers a cautionné une somme moindre que celle dont le débiteur l'avait prié de se porter garant, son cautionnement est néanmoins valable. S'il a cautionné une somme plus forte, il ne pourra exercer l'action *mandati* contre le débiteur que pour la somme jusqu'à concurrence de laquelle on l'avait prié d'intervenir ; pour le surplus, il n'aura que l'action *negotiorum gestorum*. Mais Julien ne dit pas du tout que la *major summa* était supérieure à la valeur de l'obligation principale. Cette supposition est toute gratuite ; on prête au jurisconsulte une idée qu'il n'a pas exprimée et qui ne se révèle par aucun terme du texte.

Il faut donc conclure qu'en cas de *durior causa re*, comme pour les autres cas de *durior causa*, l'obligation fidéjussoriale était nulle pour le tout et non pas réductible.

Durior causa tempore. — Il y a *durior causa tempore* quand le fidéjusseur ne jouit pas pour le paiement des mêmes délais que le débiteur. Ainsi un fidéjusseur s'engage purement et simplement, et l'obligation principale est à terme (l. 8, § 7 à notre titre) ; ou bien le terme est plus court pour le fidéjusseur que pour le débiteur ; ou le débiteur est obligé à terme, le fidéjusseur sans condition, et la condition se réalise avant l'arrivée du terme (l. 16, § 5 à notre titre). Dans toutes ces hypothèses la situation du fidéjusseur est plus dure que celle du débiteur : son obligation n'est pas valable.

Durior causa modo. — Il peut y avoir *durior causa modo* de deux façons : *accessione personæ, accessione rei.*

A. *Accessione personæ.* — Ainsi, dans l'obligation principale, il y a une *adjectio personæ* ; dans la fidéjussion, il n'y en a pas. Le fidéjusseur, ayant moins de facilité pour exécuter le paiement, était dans une situation plus dure que le débiteur. Il n'était pas tenu (l. 24 à notre titre).

B. *Accessione rei.* — Un débiteur promettait un esclave

ou dix ; dans le silence de la convention, le choix lui appartenait. Puis le créancier stipulait d'un fidéjusseur un esclave ou dix en se réservant le choix. Le fidéjusseur, n'ayant pas le droit d'option, était obligé plus sévèrement que le débiteur ; son engagement n'était pas valable (l. 8, § 9 à notre titre).

Une dette avait pour objet un esclave ; la fidéjussion portait sur un esclave ou dix ; elle n'était pas valable, car tandis que l'obligation principale se serait évanouie après la mort de l'esclave survenant par cas fortuit avant la mise en demeure, l'obligation fidéjussoriale aurait au contraire persisté, et il y aurait eu *durior causa*.

Ulpien, qui donne cette solution, rapporte que Marcellus donnait une autre raison de la nullité de l'engagement de la caution. Pour lui, si le fidéjusseur n'était pas obligé, c'est qu'il était engagé *in aliam causam* , et il en concluait logiquement que si le débiteur principal avait promis 10, et le fidéjusseur 10 ou Stichus, le fidéjusseur n'était pas tenu bien qu'il n'y eût pas *durior causa*, conclusion que n'admettait pas Ulpien. On comprend par cet exemple que la dictinction très délicate de la *durior causa* et de l'*alia causa*, dut amener de fréquentes controverses entre les jurisconsultes romains. Pour nous, dans l'espèce actuelle, nous serions plutôt de l'avis d'Ulpien ; il nous semble que l'engagement du fidéjusseur était ici de même nature que l'engagement du fidéjusseur.

Durior causa loco. — Rien n'a été stipulé du débiteur principal pour l'endroit où devait s'affecter le paiemaient ; au contraire le créancier a exigé du fidéjusseur qu'il paierait à un endroit déterminé. Il y avait *durior causa*, par suite nullité de la fidéjussion. (L. 16, § 1 à notre titre).

Il en était encore ainsi, quand l'endroit indiqué au débiteur principal lui donnait plus de facilité pour le paiement que le lieu désigné au fidéjusseur. Exemple : Le *reus* et la caution sont à Rome ; le débiteur doit payer à Capoue et le fidéjusseur à Éphèse. Éphèse étant plus éloigné de Rome que Capoue, il était plus difficile au fidéjusseur de se libérer qu'au débiteur principal. Son engagement n'était pas valable (Loi 16, § 2 à notre titre).

Mais si le fidéjusseur ne pouvait contracter une obligation plus étendue que celle du débiteur principal, il n'était pas astreint à la nécessité de la garantir toute entière, *in omnem causam*, et il pouvait limiter son engagement. En un mot, s'il lui était interdit de s'obliger *in duriorem causam*, rien ne s'opposait à ce qu'il s'obligeât *in leviorem causam* (L. 8, § 7 à notre titre).

Levior causa re. — Un fidéjusseur pouvait promettre ou une somme inférieure à celle stipulée du *reus*, ou une partie de l'objet de l'obligation principale, quand cet objet était divisible. *Fidejussores et in partem pecuniæ, et in partem rei recte accipi possunt* (L. 9, à notre titre).

De même si le débiteur promettait Stichus et Pamphile et si le fidéjusseur s'engageait seulement à donner Stichus ou Pamphile, son obligation était valable.

Levior causa tempore. — Quand le débiteur s'engage purement et simplement, le fidéjusseur peut s'obliger à terme ou sous condition (L. 8, § 7).

Lorsque l'obligation principale est à terme et l'obligation fidéjussoriale sous condition, cette dernière est valable si la condition se réalise après ou en même temps que le terme de l'obligation principale (L. 16, § 5 à notre titre). Si elle s'accomplit avant l'arrivée du terme, l'obligation du fidéjusseur est nulle, comme nous l'avons vu, parce qu'il y a *durior causa.* On ne peut donc dire *a priori* si la fidéjussion est nulle ou valable, le droit du fidéjusseur est en suspens ; ainsi que le fait remarquer Julien, *jus est in pendenti.*

Le droit est également en suspens dans l'exemple cité par Gaius (loi 70, § 1 à notre titre), d'un débiteur principal et d'un fidéjusseur s'engageant sous des conditions différentes. Si la condition qui affecte l'obligation principale se réalise la première, à partir de ce moment le débiteur est tenu purement et simplement, le fidéjusseur sous condition, c'est-à-dire *in leviorem causam.* La situation inverse se produirait si la condition de l'obligation fidéjussoriale s'accomplissait la première. Il y aurait alors *durior causa,* et par suite nullité de la fidéjussion.

Un *reus* s'oblige sous condition ; une caution garantit sa dette sous la même condition et sous une autre (L. 70, pr. à notre titre). Ici encore il faut attendre pour se prononcer sur la validité de la fidéjussion. Elle ne sera nulle que si la seconde condition se réalise la première (1). Mais si, au lieu d'alternative, il y a cumul des deux conditions, c'est-à-dire si le fidéjusseur au lieu de s'engager sous la même condition que le débiteur *ou* sous une autre, s'engage sous cette condition *et* sous une autre, il faut, pour qu'il soit tenu, que les deux conditions se réalisent. Il y a donc *levior causa* et par suite validité de la fidéjussion.

Levior causa modo. A. *Accessione personæ*. — Le débiteur s'engage envers le créancier seul ; le fidéjusseur a la faculté de payer au créancier ou à un tiers, Titius. Il peut ainsi se libérer plus facilement, il s'est engagé *in leviorem causam*, son obligation est valable (L. 34 à notre titre).

B. *Accessione rei*. — Un créancier stipule d'un débiteur un esclave ou 10 à son choix à lui créancier. Il laisse au contraire la liberté du choix au fidéjusseur. Celui-ci se trouve dans une situation meilleure que le *reus* ; d'une part il peut se libérer en offrant l'un ou l'autre des objets stipulés, d'autre part son obligation disparaît si l'es-

---

(1) Il y eut controverse sur ce point comme le texte l'indique. Des jurisconsultes concluaient *a priori* à la nullité de l'obligation du fidéjusseur, probablement parce qu'il n'était pas certain, au moment où le contrat se formait, qu'il n'y eût pas *durior causa*. Ils devaient sans doute donner la même solution dans les hypothèses examinées dans la loi 70 § 1 et 16 § 5 à notre titre.

clave offert vient à périr par cas fortuit. La fidéjussion est valable. (L. 8, § 10 à notre titre).

Un débiteur promet Stichus ou Pamphile ; le fidéjusseur promet Stichus seul, son obligation est-elle valable ?

Il est probable que quatre opinions différentes étaient soutenues par les jurisconsultes romains.

1° Les uns devaient décider que la fidéjussion était nulle parce qu'il y avait *alia causa*. Cette espèce est en effet analogue à celle indiquée dans la loi 8 § 8 où nous avons vu Marcellus se prononcer pour la nullité à cause de ce motif.

2° D'autres jurisconsultes, comme dans l'hypothèse prévue par la loi 70 § 2, devaient se prononcer pour la nullité *a priori*, parce qu'il pouvait y avoir *durior causa*. En effet si le débiteur choisit Pamphile et que Pamphile vienne à mourir, il est libéré, tandis que le fidéjusseur est tenu de donner Stichus.

3° Ceux qui adoptaient l'opinion émise par Gaius dans la loi 70, devraient décider qu'il fallait attendre, pour déclarer la fidéjussion nulle ou valable, dans quelles conditions s'exécuterait l'obligation.

4° Enfin Paul, dans la loi 34 à notre titre, admet la validité pure et simple, parce que la libération du débiteur principal ne pouvait se produire que si l'esclave choisi mourait après l'*electio*, tandis qu'aucune condition ne devait être remplie pour que le fidéjusseur fût libéré par la mort de Stichus.

Levior causa loco. — Les textes ne nous fournissent ici aucun exemple, mais il est facile de conclure, par argument *a contrario*, de la loi 16, § 1 et 2 à notre titre, que si le fidéjusseur n'était pas obligé d'effectuer le paiement à un endroit déterminé imposé au débiteur, ou il devait payer à un endroit plus rapproché, son engagement, contracté *in leviorem causam*, était valable.

APPENDICE

LA LOI CORNELIA.

L'étude des conditions de formation du contrat de
fidéjussion ne serait pas complète si, à côté des règles
ordinaires, ne se plaçait l'examen des dispositions d'une
loi spéciale, la loi Cornelia.

Nous avons posé en principe que le fidéjusseur pouvait
s'obliger *in omnem causam*, c'est-à-dire garantir l'obligation principale toute entière. Ce principe fut modifié
par la loi Cornelia, rendue en 673, qui s'appliquait aux
trois espèces d'*adpromissio* (Gaius, III, 124). Cette loi
décidait qu'un même *adpromissor* ne pouvait s'engager
en faveur du même débiteur dans la même année pour
une somme supérieure à vingt mille sesterces. (Il s'agit
ici évidemment du petit sesterce de vingt-deux centimes;
le grand sesterce valant mille petits sesterces, le taux
légal eut été supérieur à quatre millions; une prohibition
aussi peu gênante eut été tout à fait inutile).

Quel a été le but de la loi Cornelia? Il fut certainement
de protéger ceux à qui les devoirs de la clientèle imposaient la charge très lourde de se porter caution. Gaius
nous dit en effet que cette loi avait été un bienfait pour
les *adpromissores* (*beneficium*). Mais d'autre part, comme

cette loi fut rendue sous la dictature de Sylla, c’est-à-dire à une époque de réaction aristocratique, il est fort probable qu’elle fut inspirée également, comme la loi Furia, par le désir de diminuer le crédit des débiteurs ordinaires, c’est-à-dire des plébéiens, et de prévenir les troubles populaires provoqués par l’exagération et l’accumulation des dettes. En tout cas, elle ne dut guère atteindre ce double but, puisque les *adpromissores* restaient libres de s’engager pour d’autres débiteurs, et les débiteurs de faire cautionner leurs dettes par d’autres *adpromissores*. Cette inefficacité de la loi Cornelia, jointe aux raisons toutes politiques qui l’avaient fait promulguer, ne devait pas lui assurer une longue existence. Aussi finit-elle par tomber en désuétude, et elle disparut à une époque restée inconnue. Il n’en est plus parlé ni au Digeste ni aux Institutes.

L’esprit dans lequel elle avait été conçue fait aisément prévoir quel dût être son champ d’application. Comme elle se proposait de diminuer la confiance que les créanciers pouvaient avoir en leurs débiteurs, elle devait se restreindre aux cas où cette confiance pouvait être une source d’obligations. Aussi Gaius (III, 124) nous dit-il qu’elle s’appliquait seulement lorsqu’il y avait un *creditum*.

Le mot *creditum* avait ici un sens très général. Il ne se référait pas uniquement aux prêts d’argent ; mais il désignait aussi toute obligation ayant un autre objet, ainsi du vin, du blé, un fonds de terre, un esclave.

La seule condition imposée était que l'obligation fut certaine et impliquât l'idée de confiance de la part du créancier.

Cette condition avait pour effet d'exclure du domaine de la loi Cornelia un certain nombre d'obligations.

Ainsi les obligations conditionnelles échappaient à ses prescriptions, parce que la dette n'était pas certaine ; et il en était de même des obligations quasi-contractuelles, délictuelles et quasi-délictuelles, qui toutes pouvaient naître indépendamment d'une idée de confiance de la part du créancier.

Il est même à remarquer que les obligations contractuelles n'étaient soumises sans distinction à la Loi *Cornelia* que si elles étaient cautionnées par des fidéjusseurs. Si l'*adpromissor* était un *sponsor* ou un *fidepromissor*, il fallait en outre que l'obligation contractuelle fut née *verbis*, ces deux modes d'*adpromissio* ne pouvant accéder qu'à des obligations verbales.

De plus Gaius nous fait connaître quatre hypothèses où un fidéjusseur, bien que garantissant une obligation contractuelle et certaine, pouvait néanmoins s'obliger *in infinitum*.

La première exception se présentait quand l'obligation principale avait pour objet la restitution de la dot, et probablement aussi l'accomplissement de la promesse de dot. Les termes dont se sert Gaius sont en effet extrêmement généraux. Il dit que le fidéjusseur peut s'engager *in infinitum* « *si dotis nomine quid debeatur* ».

Le fidéjusseur échappait aussi aux règles de la loi Cornelia quand il garantissait la dette résultant d'une disposition testamentaire. Pour trouver ici les éléments d'un *creditum*, il faut le faire dériver soit de l'acceptation du legs ou du fidéicommis par le bénéficiaire, ou mieux de l'engagement pris par le débiteur du legs ou du fidéicommis vis-à-vis du créancier d'exécuter les clauses du testament.

La loi ne s'appliquait pas davantage aux satisdations ordonnées par un *judex*. Faut-il étendre ici l'exception aux cautionnements imposés par le magistrat? C'est très probable, bien qu'à l'époque de Gaius, c'est-à-dire sous la procédure formulaire, le mot *judex* ne désignât pas le magistrat. Mais il eût été bien singulier qu'il y eût eu une différence entre les deux cas; on ne comprendrait pas que le débiteur dût être obligé de fournir plusieurs *adpromissores* parce qu'il aurait été contraint de donner caution par le magistrat et non par le juge. D'ailleurs s'il avait fallu distinguer entre les satisdations prétoriennes et les satisdations judiciaires, on aurait abouti à un résultat bizarre pour les satisdations communes dont l'effet eût varié sans raison suivant qu'elles auraient été ordonnées par le juge ou le magistrat.

La dernière exception était consacrée non plus par la loi Cornelia, mais par la *Lex Vicesima Hereditatum* (An 6 de notre ère). Cette loi frappait d'un impôt du vingtième les successions testamentaires ou *ab intestat* échues aux citoyens romains. Si le débiteur de l'impôt ne pou-

vait l'acquitter immédiatement, il devait s'engager par
une stipulation envers les agents du fisc à exécuter le
paiement, et, pour assurer l'accomplissement de sa promesse, il devait fournir une *satisdatio.*

Telles sont les seules exceptions indiquées par Gaius ;
peut-être y en avait-il encore d'autres, comme le laisserait supposer le terme énonciatif, *velut*, employé par le
jurisconsulte. Mais elles ne nous sont révélées par aucun texte.

Laissons maintenant de côté toutes les exceptions,
plaçons-nous en présence d'une obligation principale
remplissant les conditions requises pour l'application
de la loi Cornelia. Quelle était alors la sanction de ses
prohibitions ?

Il s'élève ici une controverse analogue à celle que
nous avons étudiée plus haut à propos de la *durior causa re.* Lorsque le fidéjusseur s'était engagé pour une
somme supérieure à 20,000 sesterces, son obligation
était-elle nulle ou seulement réductible ? La discussion
est d'autant plus aisée et la solution plus difficile, que
le passage où Gaius traitait du sort de l'obligation fidéjussoriale est resté illisible dans le manuscrit de Vérone ;
les restitutions de texte n'ont dès lors que la valeur
d'une opinion personnelle et l'on ne peut en tenir
compte. Pour nous, nous serions porté à nous prononcer pour la nullité absolue de la fidéjussion. D'une part,
ce problème juridique est analogue à celui que suscite
la loi 8, § 7 à notre titre et il est infiniment probable

qu'ils ont été résolus de la même manière. Le système de la nullité radicale est plus conforme à l'esprit formaliste de la législation romaine. En outre cette supposition devient une certitude presque absolue à l'égard des formes rigides de la *sponsio* et de la *fidepromissio* ; et les fragments du commentaire de Gaius ne laissent pas soupçonner l'intention d'établir une différence entre le *fidejussio* et les autres modes plus antiques *d'adpromissio*. On a fait enfin remarquer avec beaucoup de raison que si l'engagement excessif du fidéjusseur était seulement sujet à réduction, une question subsidiaire se serait inévitablement posée. Était-ce au créancier à faire de lui-même la réduction sous peine de plus *petitio*, ou le fidéjusseur était-il tenu au contraire de faire insérer dans la formule une exception *minuens damnationem*? Or le jurisconsulte est muet sur ce point. Il est donc raisonnable de conclure à la nullité complète de la fidéjussion quand elle dépassait le taux de vingt mille sesterces fixé par la loi Cornelia.

CONCLUSION.

L'étude des conditions de formation du contrat de fidéjussion nous permet de reconnaître que si ce mode de cautionnement était un progrès sur les procédés primitifs de la *sponsio* et de la *fidepromissio*, il présentait encore des imperfections et des inconvénients.

La fidéjussion, devant se réaliser par un contrat *verbis*, était impossible entre absents, inaccessible aux sourds et aux muets. Comme les termes de l'interrogation et de la réponse établissaient une loi rigoureuse d'identité entre l'obligation principale et l'obligation accessoire, la poursuite engagée contre le débiteur libérait la caution et réciproquement. Enfin les prescriptions de la loi Cornelia, impuissantes à produire un résultat sérieux, n'avaient abouti qu'à être une gêne et une entrave.

On dut alors chercher un moyen de faciliter l'intervention pour autrui et c'est ainsi qu'apparut une quatrième forme de cautionnement, le *mandatum pecuniae credendae*, mandat donné par une personne appelée *mandator*, à une autre appelée *mandatarius*, de s'obliger envers une troisième personne, aux risques et périls du *mandator*.

Cette forme nouvelle du cautionnement n'avait pas été admise sans difficultés. Les Proculiens avaient fait remarquer avec raison qu'on ne pouvait la valider, puisqu'en opposition avec les règles ordinaires du mandat, le contrat était conclu dans l'intérêt du mandataire et non du mandant (G. III, 156). Mais d'un autre côté, il parut juste de le sanctionner, le mandataire ne s'étant obligé que sur l'ordre du mandant ; il n'y aurait probablement pas consenti s'il n'avait été couvert par lui, et il était équitable qu'il pût lui demander la réparation du préjudice qu'il avait subi par sa faute. Aussi les Sabiniens soutenaient-ils la validité du *mandatum credendae pecuniae* et leur opinion finit par prévaloir.

Ce mandat présentait sur la fidéjussion cet avantage, qu'étant un contrat consensuel et de bonne foi, il n'était pas soumis aux règles rigoureuses des contrats *verbis* ; se formant sans aucune solennité de paroles, il était possible entre absents ou par écrit ; comme il n'y avait pas *idem debitum*, mais deux obligations de nature différente, la poursuite engagée contre le débiteur n'entraînait plus l'extinction des droits du créancier contre la caution et réciproquement.

- Pourtant le *mandatum* présentait ce grave inconvénient qu'il ne pouvait garantir qu'une dette future. On ne comprend pas en effet qu'un mandant puisse intervenir pour ordonner à un tiers de contracter une obligation qui existe déjà. Et si, dans cette hypothèse, la fidéjussion était également impossible soit parce que le

créancier et le garant n'étaient pas dans le même lieu,
soit parce que ce dernier ne pouvait entendre l'interrogation ou y répondre, la dette ne pouvait être cautionnée.

Il y avait donc encore une lacune à combler ; on y
arriva en créant une cinquième forme d'*intercessio*, le
constitut

Le *constitut* était un simple pacte par lequel une personne prenait jour pour payer une dette préexistante.
Dérivé d'un contrat particulier aux *argentarii*, le *recepti-
tium*, il avait fini par être admis par le préteur qui l'avait
sanctionné par une action. Ses usages étaient multiples.
Il pouvait servir à nover une dette antérieure, soit par
changement de cause, lorsque par exemple le débiteur
consentait à transformer son obligation naturelle en une
obligation garantie par une action, soit par changement
de personne, lorsque un tiers se portait *expromissor*. On
l'employa aussi à réaliser un cautionnement ; et c'est
dans cette dernière fonction que nous avons à l'envisager.
Sans doute il ne pouvait être employé quand il s'agissait d'une dette future ; mais, à la différence du *mandatum*, il pouvait s'adapter à une obligation antérieure ; et
comme il se formait par le seul échange des consente-
ments, il pouvait être constitué par écrit, entre absents,
avantage sur la fidéjussion.

Néanmoins, en dépit de ces créations successives, la
fidéjussion persista ; elle resta même toujours le contrat
par excellence pour cautionner une dette. La preuve en

est dans ce fait suffisamment significatif, que les cautions légales furent toujours des fidéjusseurs.

Son domaine était en effet resté plus large que celui du *mandatum* et du *constitut*. Elle avait sur le mandat l'avantage de s'appliquer à une dette antérieure, sur le *constitut*, l'avantage de pouvoir s'appliquer aussi à une dette future. De plus l'inconvénient de l'effet extinctif de la *litis contestatio* finit par disparaître ; et nous avons vu comment des réformes successives vinrent atténuer et adoucir peu à peu les rigueurs de son formalisme. On comprend dès lors que la fidéjussion, dépouillée de ce qu'il y avait en elle d'irrationnel et d'arbitraire à l'origine, n'ayant rien perdu pourtant de ses qualités et de ses vertus, se soit perpétuée jusqu'à la fin du Droit romain.

DROIT FRANÇAIS

DES DROITS

DU

VENDEUR DE MARCHANDISES NON PAYÉ

EN CAS DE

FAILLITE OU DE LIQUIDATION JUDICIAIRE DE L'ACHETEUR

CHAPITRE PREMIER

Les origines.

Longtemps la préoccupation constante du législateur
a été de favoriser la vente en assurant l'exécution de
ce contrat par des garanties efficaces et multipliées.
Son antiquité attestait sa nécessité; il était la base des
transactions commerciales, la source principale de l'accroissement des richesses et de la prospérité d'un pays.
Dès l'origine, on sentit instinctivement le besoin d'organiser autour de lui un minutieux système de protection qui devait se développer à travers les âges.
Cette protection tendait tout entière vers un but unique : sauvegarder le vendeur contre l'éventualité de
toute perte, soit en assurant le paiement intégral du prix,

soit tout au moins en lui permettant de retenir le bien vendu ou de le reprendre, s'il l'avait imprudemment livré.

Le droit romain, l'ancien droit français, le droit moderne du Code civil, se sont uniquement inspirés de cette idée.

Ce fut seulement au commencement du siècle, lors de la confection du code de commerce, que l'on s'aperçut enfin qu'on avait été trop loin dans cette voie. Le commerce reposant surtout sur le crédit, le peu d'efficacité et les dangers d'une protection exagérée se révélèrent ; on comprit qu'on ne pouvait impunément sacrifier à la sécurité du seul vendeur, les autres classes de créanciers ; on s'était décidé à organiser la procédure de la faillite, c'est-à-dire une procédure spéciale pour la liquidation de la situation d'un commerçant qui ne pouvait plus faire honneur à ses engagements, et le trait dominant de cette procédure était d'assurer entre tous une équitable répartition des biens du débiteur. Le principe d'égalité fit alors échec au principe de protection ; et de ce conflit, les droits du vendeur sortirent diminués et amoindris. La réforme commencée en 1807 fut reprise et complétée en 1838.

C'est l'histoire curieuse de cette lente évolution qu'il nous faut brièvement retracer pour que nous puissions comprendre le caractère de la réglementation nouvelle consacrée par la loi de 1838, et apprécier à leur exacte valeur les progrès qu'elle n'a qu'imparfaitement réalisés.

Ce qui frappe tout d'abord à la lecture des articles 550, 576 à 580, c'est qu'ils réglementent une situation très spéciale et très restreinte. Ils frappent exclusivement le vendeur de meubles et seulement lorsque l'acheteur est un commerçant failli. Ils reposent sur cette double distinction de la vente de meubles et de la vente d'immeubles, de la déconfiture et de la faillite.

Le droit romain avait ignoré cette double distinction et adopté une législation uniforme. Le vendeur n'avait-il pas livré l'objet vendu, il l'armait du droit de rétention jusqu'à ce qu'il eût obtenu le paiement du prix. Avait-il livré au contraire, il lui accordait l'action en revendication si la vente avait été faite sans terme, la translation de propriété étant alors subordonnée au payement. Mais s'il avait concédé un terme, il était présumé avoir suivi la foi de l'acheteur. Il était assimilé aux créanciers chirographaires, et n'avait plus qu'une action personnelle, l'action *venditi*, qui pouvait être insuffisante ou complètement inutile si l'acheteur était insolvable. Il est à peu près certain qu'il n'avait pas de privilège, sauf peut-être pour la vente d'un navire. Il ne devait alors compter que sur lui-même, sur son initiative personnelle, pour prendre toutes les précautions que lui conseillait sa prudence ou sa défiance. Il pouvait exiger des sûretés spéciales, gage, fidéjussion ou expromission. Il pouvait aussi faire insérer dans le contrat de vente la *lex commissoria*, clause de résolution en cas d'inexécution des obligations de l'acheteur ; mais il devait le stipuler expressément: la résolution de plein droit ne fut jamais admise.

Ainsi donc, le droit de rétention et le droit de revendication furent les seules garanties reconnues par la législation romaine pour la protection du vendeur.

L'ancien droit français accrut considérablement cette protection.

Sans doute, il respecta fidèlement les principes fondamentaux du droit romain. Comme lui, il ne soumit pas à des règles différentes le vendeur de meubles et le vendeur d'immeubles; il ne distingua pas non plus entre la déconfiture et la faillite. La vente ne fut pas davantage translative de propriété, et une tradition réelle ou feinte fut toujours considérée comme nécessaire. Le droit de rétention et l'action personnelle furent conservés avec leur physionomie primitive.

La revendication ne fut accordée, comme à Rome, que dans les ventes sans terme. L'article 176 de la coutume de Paris disait: — Qui vend aucune chose mobilière sans jour et sans terme, espérant être payé promptement, il peut la chose poursuivre, en quelque lieu qu'elle soit transportée, pour être payé du prix qu'il l'a vendue. —

Il est important de remarquer que si le vendeur pouvait, par l'action en revendication, exiger la restitution de la chose, le contrat n'était pas résolu. Il subsistait toujours et l'acheteur pouvait reprendre le bien qu'il avait acheté, s'il se décidait à effectuer le paiement.

— Le vendeur, disait Dumoulin, peut revendiquer la

chose livrée pour la recouvrer et en demeurer saisi jusqu'à ce qu'il soit payé. — L'action en revendication aboutissait ainsi simplement à une reprise de la possession.

Mais, à côté des droits anciens, deux droits nouveaux prirent naissance qui devaient constituer une garantie très énergique pour le vendeur : l'action résolutoire et le privilège.

L'action résolutoire venait des pays de coutumes. Le pacte commissoire, devenu une clause de style, avait fini par perdre le caractère conventionnel qu'il avait primitivement pour être sous-entendu dans tous les contrats. Ainsi s'était formée la règle que, dans les conventions synallagmatiques, l'inexécution des obligations de l'une des parties permet à l'autre de faire résoudre le contrat.

Ce fut également par un emprunt détourné au droit romain, par la transformation du précaire, que les pays de droit écrit admirent l'existence d'un privilège au profit du vendeur d'immeubles d'abord, puis aussi au profit du vendeur de meubles. L'article 177 de la Coutume de Paris portait. — Et néanmoins, encore qu'il eût donné terme, si la chose se trouve saisie sur le débiteur par un autre créancier, il (le vendeur) peut empêcher la revente, et est préféré sur la chose aux autres créanciers. —

A la dernière époque du droit coutumier, ces deux garanties de l'action résolutoire et du privilège furent partout admises concurremment et universellement consacrées.

Toutefois l'exercice de ces différents droits, revendication, résolution et privilège, était subordonné à deux conditions. Il fallait d'abord que les objets vendus n'eussent pas été transmis à un possesseur de bonne foi ; il fallait ensuite qu'ils n'eussent pas été confondus avec les autres biens de l'acheteur au point de perdre leur identité.

La première de ces conditions était la conséquence de la fameuse règle : — En fait de meubles, possession vaut titre de propriété, — formulée en ces termes par Bourjon, consacrée par la jurisprudence du Châtelet de Paris et dont l'origine remonterait aux coutumes germaniques, puisqu'on en trouve déjà les traces dans la loi Salique et la loi Ripuaire. Cette règle s'explique d'elle-même : quand il s'agit d'objets mobiliers, il n'y a pas généralement de titres de propriété et l'acquéreur serait trop souvent victime d'une erreur impossible à vérifier, si l'on ne consolidait entre ses mains la possession qui lui a été transmise, et si l'on n'assurait pas sa sécurité par cette protection nécessaire contre les surprises d'une revendication impossible à prévoir.

La seconde condition, l'identité des marchandises, semble aussi toute naturelle et pourtant nos anciens auteurs la rappellent avec une insistance particulière. Ils l'exigeaient surtout en matière commerciale. — Dans les faillites ou banqueroutes, dit Savary (1), un

(1) Savary, *Dictionnaire de commerce*, V° *Revendiquer*.

créancier est bien reçu à revendiquer sa marchandise pourvu qu'elle se trouve encore en nature, sans altération et revêtue de toutes les marques et renseignements qui peuvent faire connaître avec certitude que c'est lui qui a vendu la marchandise et qu'elle lui appartient légitimement. —

Boutaric (1) fait la même remarque : — Un créancier pour des marchandises par lui vendues trouve ses marchandises en nature parmi les effets et entre les mains de son débiteur, il les revendiquera ; et les autres créanciers soit privilégiés ou hypothécaires ne seront pas fondés à s'y opposer ; j'ai dit pourvu qu'il trouve les marchandises en nature, car si peu que l'acheteur les ait mêlées et confondues, le créancier qui les aurait vendues ne pourrait plus les suivre et les revendiquer ; il faut, comme l'on dit, que les marchandises pour être réclamées par le vendeur aient cap et queue, c'est-à-dire qu'elles soient encore sous la corde et non déployées. —

Cette insistance nous explique la présence de l'article 580 dans le Code de 1807. L'article, absolument inutile, a son origine dans la tradition.

Le Code civil recueillit chacun de ces droits. Les articles 1612 et 1613 consacrèrent le droit de rétention ; le droit de résolution fut accordé au vendeur par l'article 1654 ; enfin dans l'article 2102, 4° furent maintenus le privilège et le droit de revendication. La nature

(1) Boutaric, *Explication de l'Ordonnance* de 1673, page 113.

juridique de ce dernier droit fut seule modifiée par suite du principe nouveau que la convention suffit à elle seule pour transférer la propriété de l'objet vendu ; mais ses effets ne furent pas changés, comme nous l'établirons plus tard en étudiant la disposition de l'article 550 du Code de commerce.

Ainsi donc le principe traditionnel de la protection légale du vendeur continuait à triompher ; les intérêts des autres créanciers de l'acheteur étaient complètement méconnus et sacrifiés. La loi, indifférente à leur égard, dédaignait de les prémunir contre les surprises de l'action en revendication, de l'action résolutoire ou du privilège ; elle enlevait brusquement à tous, au profit de l'unique vendeur, le gage apparent qui avait été la cause du crédit qu'ils avaient accordé et dont rien ne leur révélait la fragilité. La règle de l'article 2279 — en fait de meubles possession vaut titre — ne protégeait que les tiers acquéreurs de droits réels.

Le Code civil toutefois faisait espérer, dans l'article 2102, 4°, les réformes salutaires que le législateur commercial se décidait enfin à entreprendre.

Ces réformes furent timidement et maladroitement tentées ; on se borna à en faire bénéficier les créanciers d'un commerçant failli, et on le fit avec tant d'hésitation et de réserve qu'on en affaiblissait singulièrement la portée. Il est évident d'ailleurs à la simple lecture des discussions législatives de 1807 qu'on était dans une complète ignorance de la réglementation qu'il s'agissait de modifier et du caractère des modifications qu'elle devait subir. A vrai dire on n'eut qu'une idée très confuse et très vague de la situation à laquelle on devait remédier. Pas un orateur ne posa nettement le problème législatif que l'on avait à résoudre, des droits du vendeur vis-à-vis des autres créanciers de l'acheteur. On passa sous silence le privilège ; on ne prononça pas une seule fois le nom de l'action résolutoire que l'on discutait en réalité, et qu'on s'obstina à décorer du nom d'action en revendication dont il ne pouvait plus être question. Aussi ne faut-il pas s'étonner si avec une langue aussi peu précise, les textes obscurs ont été la source de controverses trop légitimes et d'erreurs trop excusables. Le mot revendication y est pris tour à tour dans trois significations différentes : il désigne tantôt l'action du propriétaire, tantôt la reprise de possession de l'objet vendu et tantôt enfin la résolution du contrat.

Nous nous abstiendrons donc soigneusement de reproduire ici les débats qui s'élevèrent en 1807, et cette omission volontaire ne doit pas être une cause de regrets. Nous retrouverons en effet dans la discussion plus complète et plus approfondie qui se renouvela en 1835 tous les arguments que l'on avait fait valoir lors de la rédaction du Code de commerce. Rappelons seulement que ce ne fut qu'après une lutte très vive, et malgré l'opposition du Tribunat, que les dispositions des articles 576 à 580 furent définitivement adoptées.

Ces articles étaient ainsi conçus :

ART. 576. — Le vendeur pourra, en cas de faillite, revendiquer les marchandises par lui vendues et livrées, et dont le prix ne lui a pas été payé, dans les cas et aux conditions ci-après exprimées.

ART. 577. — La revendication ne pourra avoir lieu que pendant que les marchandises expédiées seront encore en route, soit par terre, soit par eau, et avant qu'elles soient entrées dans les magasins du failli ou dans les magasins du commissionnaire chargé de les vendre pour le compte du failli.

ART. 578. — Elles ne peuvent être revendiquées si, avant leur arrivée, elles ont été vendues sans fraude, sur factures et connaissements ou lettres de voiture.

ART. 579. — En cas de revendication, le revendiquant sera tenu de rendre l'actif du failli indemne de toute avance faite pour fret de voiture, commission ou autres frais, et de payer les sommes dues pour mêmes causes, si elles n'ont pas été acquittées.

ART. 580. — La revendication ne pourra être exercée que sur les marchandises qui seront reconnues être identiquement les mêmes, et que lorsqu'il sera reconnu que les balles, barriques ou enveloppes dans lesquelles elles se trouvaient lors de la vente n'ont pas été ouvertes, que les cordes ou marques n'ont été ni enlevées ni changées, et que les marchandises n'ont subi en nature et quantité ni changement ni altération.

On devine aisément quel dût être l'embarras de la jurisprudence en présence d'une législation aussi défectueuse. Non seulement les textes réglementant l'action qu'ils appelaient action en revendication étaient d'une interprétation difficile, mais la loi était absolument muette sur le sort du privilège et de l'action résolutoire. Quelle décision prendre en présence de ce silence ?

Supprimer ces garanties ? mais le pouvait-on sans un texte formel ? Les maintenir ? mais n'était-ce pas alors faire disparaître toute l'utilité des mesures restrictives prises par le législateur ? Aussi auteurs et tribunaux étaient-ils fort incertains, et ce ne fut pas sans de nombreuses protestations que la jurisprudence se décida à abolir l'action en résolution, et à refuser au vendeur de marchandises le privilège qu'elle maintenait au profit du vendeur d'effets mobiliers ordinaires (1).

On était d'accord à reconnaître que cette réglementation à peine ébauchée devait subir un remaniement complet.

---

(1) Arrêts admettant le droit de résolution :
Paris, 18 août 1829, S. 30, 2, 10 ; Paris, 11 novembre 1837, S. 38, 2, 98 ; Rouen, 19 novembre 1837, S. 38, 2, 98.
Arrêts supprimant le droit de résolution :
Limoges, 4 février 1835, S. 35, 2, 221 ; Limoges, 4 février 1827, S. 37, 2, 297 ; Amiens, 29 novembre 1837, D. 40. 2. 20 ; Cass. req., 19 avril 1836, S. 37. 1. 42.
Arrêts sur le privilège établissant la distinction indiquée au texte :
Bruxelles, 11 janvier 1812, S. 13. 2. 226 ; Rouen, 13 janvier 1824, S. 24. 2. 203 ; Paris, 25 juin 1831, S. 31. 2. 241 ; Paris, 5 décembre 1821, S, 33. 2. 130 ; Gand, 24 mai 1833, S. 34. 2. 561 ; Aix, 10 novembre 1834, S. 35. 2. 154 ; Paris, 1er décembre 1834, S. 35. 2. 80 ; Douai, 25 avril 1837, S. 36. 2. 409 ; Caen, 1er août 1837, S. 37. 2. 401 ; Paris, 11 novembre 1837, S. 38. 2. 98 ; Rouen, 29 novembre 1837, S. 38. 2. 98 ; Cass., 2 janvier 1838, S. 38. 1. 259.

Un projet de réforme générale sur la matière de la faillite fut présenté aux Chambres en 1835 et aboutit à la loi du 28 mai 1838. Cette loi contenait, dans les articles 559, 576 à 580, les règles nouvelles qui précisaient et limitaient les droits du vendeur.

On s'était vite entendu sur le maintien du droit de rétention et sur l'abolition du privilège et de la revendication de l'article 2102, 4° du Code civil. Mais une lutte très vive s'engagea entre les partisans et les adversaires de la prétendue revendication imaginée par les rédacteurs du Code de commerce.

Le Gouvernement en proposa nettement la suppression pure et simple pour les motifs suivants :

Examinant la question au point de vue juridique, il contestait la possibilité d'admettre une action en revendication, depuis que le Code civil avait admis le principe que la convention transférait à l'acheteur la propriété de l'objet vendu indépendamment de toute tradition. La revendication suppose la qualité de propriétaire, et le vendeur ne peut plus agir en cette qualité. La revendication est donc contraire aux principes du droit civil.

Elle n'est pas moins contraire aux principes du droit commercial sur la faillite, à l'égalité qui doit régner entre tous les créanciers. Sans doute on peut craindre que le débiteur, sentant imminente l'approche de la faillite, ne multiplie à l'excès les achats pour retrouver un crédit apparent et enrichir la masse aux dépens des vendeurs ; mais ne peut-il de même multiplier les emprunts, et les prêteurs de deniers ne sont-ils pas aussi à plaindre que les vendeurs de marchandises?

Assurément il faudrait faire échec au principe rigoureux de l'égalité, si l'intérêt du commerce l'exigeait. Mais comment le crédit pourrait-il reposer sur une base aussi précaire, aussi hasardeuse que ce droit de revendication limité au cas où les marchandises sont en route, dépendant de la distance des lieux, des accidents qui peuvent retarder ou abréger le voyage et surtout de la volonté du failli qui est toujours le maître d'anéantir la revendication par une revente des marchandises (1)?

On ajoutait enfin que la revendication avait donné lieu à de nombreux abus, et on invoquait l'opinion des Chambres de commerce qui étaient à peu près unanimes à réclamer sa suppression.

Tous ces arguments, dont nous n'avons pas à examiner ici la valeur, ne convainquirent pas les Chambres. Elles repoussèrent le projet du Gouvernement et maintinrent en principe le droit de revendication. Les raisons qui les déterminèrent furent réunies et présentées avec une grande netteté dans les discours prononcés à la Chambre des Députés par M. Renouard, et à la Chambre des Pairs par M. Tripier. Il convient de les exposer avec soin, car elles nous serviront plus tard à éclairer les textes législatifs et à résoudre les difficultés auxquelles leur explication a donné lieu.

____

(1) Discours du garde des sceaux à la Chambre des Pairs, *Moniteur* du 18 janvier 1837.

Les partisans de la revendication avaient d'abord beau jeu pour combattre sur le terrain du droit la thèse soutenue par leurs adversaires. Ils montrèrent que cette action n'était pas en réalité ce qu'elle paraissait être sous la dénomination inexacte que les rédacteurs de 1807 lui avaient donnée par essence. — Les principes généraux du droit, disait M. Tripier (1), ne s'opposent pas au maintien de la revendication ; ils la consacrent même formellement par l'article 2102 du Code civil (2). Tous les contrats synallagmatiques sont soumis à un principe commun qui est inséparable de leur nature, celui de la résolution à défaut d'exécution ; il est plus rigoureux à l'égard de la vente que pour toute autre convention...

D'ailleurs l'application de l'action résolutoire ne blesse en rien le principe de l'égalité des créanciers. Sans doute la loi de l'égalité doit régir ceux qui sont dans une position identique ; mais lorsqu'il existe des différences essentielles dans les conventions, le sort des contractants doit être différent. Chaque contrat a sa nature particulière et doit produire les effets qui lui sont propres. Une règle uniforme qui méconnaîtrait ces caractères distinctifs serait le renversement des conventions. Ainsi un prêt fait à un failli constitue une créance

---

(1) *Moniteur* du 15 avril 1837.

(2) On verra plus loin que nous assignons à la revendication de l'article 2102 un tout autre caractère que celui qui lui est attribué par M. Tripier. Mais cette divergence d'opinion importe peu ; il suffit ici de constater que la revendication de l'article 576 n'était, pour les auteurs de la loi, qu'une des formes de l'action résolutoire.

soumise aux chances de la faillite parce que les deniers confondus dans le patrimoine du débiteur lui sont acquis irrévocablement. Ce même principe est appliqué à la vente d'une marchandise qui est entrée dans les magasins de l'acheteur, quoique l'opération soit différente ; mais la vente d'une marchandise non livrée n'a opéré aucune confusion avec la fortune du failli ; elle constitue un droit sur la chose qui n'est pas payée ; le vendeur avait une créance éventuelle qui s'évanouit par la revendication ; il ne peut être assimilé à un prêteur et rangé dans la même classe. —

Et si la revendication se justifie ainsi au point de vue du droit, de puissantes considérations de fait démontrent la nécessité de la maintenir. — Rendre impossible la revendication, disait M. Renouard (1), lorsque ni le failli ni personne pour lui n'ont encore pris possession, ce serait pousser bien loin la rigueur. Si la marchandise vendue et expédiée au failli est devenue légalement sa propriété, du moins n'a-t-elle pas encore été mise à sa disposition. Elle n'a aux yeux de personne augmenté le crédit et l'actif de celui qui en est propriétaire sans en être possesseur. Le vendeur mérite une condition meilleure que la plupart des autres créanciers, car sa marchandise a été vendue lorsque déjà la faillite imminente l'exposait à une perte certaine ; presque toujours l'opération faite avec lui n'aura eu d'autre but

(1) Rapport de M. Renouard à la Chambre des Députés, *Moniteur* des 27 et 31 janvier 1835.

que de spéculer sur son éloignement ou sur son ignorance, afin de masquer à ses dépens une partie du déficit laissé par la faillite. — Et comme la revendication, concluaient ses partisans, est un remède salutaire pour prévenir les fraudes dont le vendeur serait inévitablement la victime, elle apparaît dès lors comme nécessaire pour assurer le développement des transactions, et partant conforme aux intérêts généraux du commerce.

Ces diverses raisons décidèrent le triomphe du principe de la revendication. Toutefois on fit subir au texte de 1805 quelques corrections de détail.

C'est ainsi que, par concession aux adversaires des droits du vendeur et par désir de marquer définitivement le caractère juridique de la revendication, on imposa au vendeur revendiquant l'obligation de rembourser les à comptes qu'il avait reçus.

On fit aussi disparaître l'ancien article 580 relatif aux signes d'identité et qu'une tradition inintelligente avait seule maintenu.

Enfin on exigea la signature du vendeur sur la facture et le connaissement ou la lettre de voiture pour permettre la revente des marchandises en cours d'expédition. On se souvient en effet qu'un des griefs adressés à la revendication avait été la facilité pour l'acheteur de priver le vendeur de cette garantie par une revente précipitée. Les partisans de son maintien avaient été fort touchés de cette critique. Le rapporteur de la commis-

sion à la Chambre des Pairs avait été forcé d'en reconnaître la justesse et s'était borné à répondre que si la
revendication perdait de son utilité par cette fraude trop
facile, ce n'était pas une raison pour la supprimer entièrement. Aussi M. Meynard proposa-t-il d'exiger la signature de l'expéditeur sur les deux pièces nécessaires
à la transmission des marchandises, et voici comment
il justifiait cet amendement (1).

« — Si l'on veut éviter la fraude, les conditions au
nombre de trois, insérées dans cet article (576), me
semblent insuffisantes. Ces conditions sont : l'absence de
fraude et la possession, par le failli, de la facture et du
connaissement ou de la lettre de voiture. En effet,
lorsque la vente aura été opérée, le revendiquant est obligé de prouver qu'il y a eu fraude ; mais la fraude peut
exister de la part du failli qui aura vendu, et cependant
l'acheteur peut avoir traité dans une parfaite bonne
foi ; or, en ce cas, la revendication ne pourrait être admise. La seconde condition, c'est la facture. Vous savez
tous, que dès qu'une expédition de marchandises a lieu,
elle est ordinairement accompagnée, ou plutôt presque
toujours précédée de la facture de la part du vendeur.
Mais ce n'est pas un titre de propriété qu'il a entendu
conserver, c'est une simple désignation, un règlement
conditionnel ; ce n'est pas un acte de vente ; cette condition serait rarement un obstacle à la fraude ; que la
facture soit conditionnelle ou non, elle est toujours au

(1) *Moniteur* du 25 février 1836.

pouvoir de l'acheteur. Ainsi il est positif que le destinataire de mauvaise foi pourra habituellement s'en servir. On y joint le connaissement ou la lettre de voiture ; le connaissement est délivré par le capitaine du navire, mais il délivre un, deux, trois, quatre duplicata ; il n'a pas de motifs d'en refuser un au destinataire animé de mauvaises intentions, s'il en fait la demande directement au capitaine, ou s'il le lui fait demander par un correspondant ; le connaissement lui sera remis sans difficulté. Quant à la lettre de voiture, il y a un danger semblable, car rarement l'expédition se fait directement par le vendeur à l'acheteur. On se sert habituellement de l'entremise d'un commissionnaire chargeur, qui, sur la demande du destinataire, peut envoyer aussi une copie de la lettre de voiture... Tout cela se fait à l'insu et sans le consentement de l'expéditeur. Par le sous-amendement, toutes les fois que l'expéditeur n'aura pas signé la lettre de voiture, il sera impossible au failli de pouvoir vendre légalement, et par conséquent le plus souvent d'opérer une fraude. — »

Le sous-amendement fut adopté sans discussion.

Telles furent les principales réformes exécutées par le législateur de 1838. Elles trouvèrent place dans les nouveaux articles 550, 576 à 580, qui contiennent la réglementation encore en vigueur aujourd'hui. Ces articles sont ainsi conçus :

ART. 550. — Le privilège et le droit de revendication établis par le numéro 4 de l'article 2102 du Code civil, au profit du vendeur d'effets mobiliers, ne peuvent être exercés contre la faillite.

ART. 576. — Pourront être revendiquées les marchandises expédiées au failli, tant que la tradition n'en aura point été effectuée dans ses magasins, ou dans ceux du commissionnaire chargé de les vendre pour le compte du failli.

Néanmoins la revendication ne sera pas recevable si, avant leur arrivée, les marchandises ont été vendues sans fraude, sur factures et connaissements ou lettres de voiture signées par l'expéditeur.

Le revendiquant sera tenu de rembourser à la masse les à comptes par lui reçus, ainsi que toutes avances faites pour fret ou voiture, commission, assurances ou autres frais, et de payer les sommes qui seraient dues pour mêmes causes.

ART. 577. — Pourront être retenues par le vendeur les marchandises par lui vendues qui ne seront pas délivrées au failli, ou qui n'auront pas encore été expédiées soit à lui, soit à un tiers pour son compte.

ART. 578. — Dans le cas prévu par les deux articles précédents, et sous l'autorisation du juge-commissaire, les syndics auront la faculté d'exiger la livraison des marchandises, en payant au vendeur le prix convenu entre lui et le failli.

ART. 579. — Les syndics pourront, avec l'approbation du juge-commissaire, admettre les demandes en revendication ; s'il y a contestation, le tribunal prononcera après avoir entendu le juge-commissaire.

Avant d'entreprendre l'examen détaillé de ces articles, nous pouvons dès à présent fixer les traits principaux des règles qu'ils consacrent :

Deux garanties du vendeur sont supprimées : le privilège et la revendication de l'article 2102.

Les deux autres garanties sont maintenues : le droit de rétention est maintenu purement et simplement ; le droit de résolution est renfermé dans des limites rigoureuses et soumis à une réglementation nouvelle.

CHAPITRE II

Conditions générales d'application des règles consacrées par les articles 550, 576 à 580 de la loi de 1838.

Pour qu'il puisse être question d'appliquer les règles édictées par la loi de 1838, il est nécessaire tout d'abord que quatre conditions soient réunies :

Il faut que l'on se trouve en présence d'un vendeur, que la vente ait eu pour objet des marchandises, que le prix n'ait pas été payé, et il faut enfin que l'acheteur soit en état de faillite.

Ces quatre conditions semblent très claires et très simples, mais des difficultés très sérieuses se sont élevées à propos de chacune d'elles. Elles doivent donc être l'objet d'un examen approfondi.

PREMIÈRE CONDITION

IL FAUT QUE LE CRÉANCIER SOIT UN VENDEUR.

Pour qu'il y ait un vendeur, il faut évidemment que le contrat passé entre les parties soit une vente, et la question de savoir s'il y a vente, en droit commercial comme en droit civil, dépend moins des termes employés dans l'acte que de l'intention des contractants.

C'est donc là une pure question d'interprétation variant avec les espèces.

Mais quand les juges auront reconnu au contrat qui leur est soumis les caractères d'une vente, toute difficulté n'aura pas disparu. La vente peut ne pas être pure et simple ; elle peut avoir été affectée d'une modalité, autrement dit, elle peut être à terme ou sous condition. Quelle sera l'influence de cette modalité ?

Il suffit ici d'appliquer les principes généraux.

Le — terme — n'a pas pour effet de suspendre la naissance du contrat de vente, mais seulement de retarder l'exécution des obligations soit du vendeur, soit de l'acheteur. La vente existant, la loi de 1838 s'applique. On s'expliquerait d'ailleurs difficilement qu'il en fût autrement; les ventes à crédit et les ventes à livrer ou marchés à terme sont extrêmement fréquentes dans le commerce. Les soustraire aux règles de l'article 550, des articles 576 et suivants, eût été rendre complètement vaines et illusoires les prescriptions de la loi de 1838.

Et pourtant on a prétendu tout récemment (1), en s'appuyant sur les travaux préparatoires, que la loi de 1838 s'était placée exclusivement dans l'hypothèse d'une vente portant sur des corps certains et déterminés dont la propriété avait été transférée à l'acheteur par le seul fait de la vente ; que par conséquent elle n'avait pas songé aux ventes à livrer. Nous ne pouvons ad-

____

(1) Appleton, *Des droits du vendeur à livrer dans la faillite de l'acheteur.* — Rousseau, éditeur, 1887.

mettre cette interprétation restrictive. Outre l'argument cité plus haut de l'inutilité d'une réglementation aussi réduite, les travaux préparatoires n'ont pas la signification qu'on leur prête un peu complaisamment. Sans doute, dans les discussions législatives, on a toujours pris pour point de départ le principe que la vente transfère la propriété ; mais les orateurs voulaient uniquement par là montrer le caractère nouveau de la vente consacré par la réforme du Code civil. Il serait étrange, s'ils avaient eu une autre intention, qu'ils n'eussent pas fait passer leur opinion dans les termes de la loi. Ses termes aussi généraux que possibles ne permettent pas une distinction qu'il serait au surplus fort difficile d'expliquer rationnellement.

Ainsi donc toute vente à terme tombe sous l'application de la loi de 1838.

Il n'en est pas toujours de même dans les ventes — conditionnelles — et il faut distinguer ici entre les ventes sous condition suspensive, et les ventes sous condition résolutoire.

Si la vente a été faite sous condition suspensive, l'existence même du contrat est affectée par la condition, la vente ne se forme qu'autant que la condition s'est réalisée. Si donc elle ne s'est pas encore réalisée au moment de la déclaration de faillite, la loi de 1838 ne s'applique pas (1).

La vente a-t-elle été faite au contraire sous condition

____

(1) Cass. req., 12 déc. 1882. *J. des faillites*, 1883, p. 2.

résolutoire, elle existe jusqu'au moment de l'accomplissement de la condition. Ce n'est pas à dire que la loi de 1838 sera toujours applicable, car la condition se réalisant rétroagit et la vente est censée n'avoir jamais été conclue. Il faut faire exception, bien entendu, pour la condition résolutoire la plus importante, celle pour défaut de payement du prix, qui a été précisément l'objet principal de la réglementation nouvelle.

Ces règles générales sur les effets de la condition suspensive ou résolutoire sont très simples en apparence, et pourtant elles ont donné lieu à bien des contestations très vives qu'il nous faut soigneusement examiner.

Prenons d'abord une espèce de vente, très fréquente en pratique, la vente subordonnée à l'agréage de l'acheteur.

En principe, par interprétation de la volonté présumée des parties et à moins de la manifestation d'une intention contraire, une vente à l'agréage est supposée faite sous condition suspensive. Si donc, au moment de la faillite, l'acheteur n'a pas encore accepté les marchandises, la condition d'agréage n'étant pas remplie, la vente n'existe pas, et il ne saurait être question d'appliquer les règles écrites pour le cas de vente. C'est ce qui a été maintes fois jugé par les tribunaux (1).

Cette solution a pourtant été contestée, parce que, dit-on, elle donnerait à l'acheteur un moyen commode

(1) Rouen, 14 juin 1841, S. 41. 2. 476 ; Metz, 3 juin 1856, S. 57, 2, 46 ; Caen, 6 juin 1870, S. 72, 2, 134 ; Bordeaux, 2 novembre 1886, D. 87, 2, 157.

de favoriser le vendeur au détriment de ses créanciers
ou inversement, en déclarant, suivant les cas, que les
marchandises lui conviennent ou ne lui conviennent pas.
Peut-on admettre qu'il dépende de lui, alors qu'on a de
trop justes raisons de suspecter la sincérité de ses déclarations, d'accroître ou de diminuer ainsi le gage de ses
créanciers ? D'ailleurs, ajoute-t-on, à partir de la faillite,
le failli est privé de la gestion de ses affaires ; ses créanciers se sont substitués à lui. C'est donc le syndic qui,
au nom de la masse, acceptera ou refusera les marchandises.

Mais c'est oublier complètement l'effet de la déclaration de faillite ; elle marque la limite extrême des opérations commerciales atteintes par la faillite ; elles sont
liquidées dans l'état où elles se trouvaient à cette époque. Par conséquent, si l'acheteur n'a pas alors exercé
son choix, il perd son droit d'option, et la vente est considérée comme n'existant pas. On voit aussi par là que
le reproche qu'on nous adresse d'accorder au failli un
pouvoir arbitraire est purement imaginaire. Il ne peut
dépendre de lui d'enrichir ou d'appauvrir la masse,
puisque la situation est définitivement fixée au moment
du jugement déclaratif.

Il est une autre convention dont l'interprétation très
délicate a donné lieu à des jugements et à des arrêts
contradictoires ; nous voulons parler de la location
d'objets mobiliers avec faculté d'achat au bout d'un certain temps.

Cette convention peut avoir deux significations bien distinctes. Elle peut renfermer soit un double contrat, une location accompagnée de promesse de vente, soit un seul contrat qui est une vente.

Par exemple, je livre une machine à un industriel en stipulant qu'il me donnera tous les ans une somme de... et qu'au bout de trois années il pourra m'acheter la machine moyennant un prix déterminé, indépendant des redevances annuelles, à la condition que ces redevances auront été régulièrement payées. Il y a dans cette convention un double contrat, d'abord une location, puis une vente ou une promesse de vente, ce qui est la même chose, subordonnée à la condition suspensive de l'exécution du premier contrat, c'est-à-dire à la condition du payement des loyers. Si la faillite de l'industriel éclate au cours de la période de trois ans, avant le payement intégral du prix de location, la vente ne se forme pas et il n'y a pas lieu d'appliquer ici les articles 550, 576 et suivants. Il ne saurait y avoir de doute sur l'exactitude de cette solution (1).

Mais si je stipule qu'au bout de trois ans la machine appartiendra à l'acheteur sans autre versement, en pareil cas les versements échelonnés au cours des trois années ne sont autres que le prix même de la machine payable, par parties, à des termes indiqués. Ce contrat est alors uniquement une vente, mais une vente de

(1) Cass. civ., 22 fév. 1887, S. 88, 1, 87.

quelle nature? Est-ce une vente à terme ou une vente sous condition suspensive?

La question est d'une extrême importance, puisque, comme nous venons de le voir, la réglementation de la loi de 1838 s'applique dans le premier cas et ne s'applique pas dans le second.

Des auteurs et des arrêts (1) ont décidé qu'il y avait, dans cette convention, une vente sous condition suspensive du payement du prix. Les parties, disent-ils, sont libres de subordonner au payement du prix soit la formation du contrat, car aucun article du Code ne s'y oppose, soit tout au moins le transfert de la propriété, car il est unanimement admis que la règle édictée par l'article 1583, n'étant que l'interprétation de la volonté des parties, on peut y déroger par une manifestation de volonté contraire.

Nous ne pouvons admettre ce système. Tout d'abord, à supposer qu'il y ait une condition quelconque, ce ne pourrait jamais être qu'une condition résolutoire et non une condition suspensive. En effet, pour qu'il y ait un prix, il faut qu'il y ait une vente ; l'obligation de payer le prix est la conséquence du contrat de vente. Supposer qu'elle puisse précéder la formation du contrat, c'est mettre l'effet avant la cause. Or, déjà à ce point de vue, à regarder la vente comme faite sous condition

---

(1) Trib. comm. Seine, 2 mars 1878 ; *J. des Trib. de comm.*, 78, p. 146 ; Alger, 18 fév. 1888, S. 89, 2, 115 ; Lyon, 10 août 1888, S. 90, 2, 113 ; Note d'Appleton sous l'arrêt de la Cour de Lyon.

résolutoire, elle tomberait sous l'application directe de l'article 576.

Mais ce point de vue même serait inexact ; le payement du prix n'est pas et ne peut pas être une condition de la vente, quelle que soit à cet égard la volonté des contractants. Qui dit condition, dit d'abord un événement futur et incertain, et ensuite une modalité extrinsèque au contrat sans laquelle il puisse parfaitement se concevoir. Or il n'y a dans l'obligation de payer le prix ni éventualité ni incertitude ; elle est certaine et actuelle. Tout ce que les parties peuvent faire, c'est en retarder l'exécution, c'est-à-dire accorder un terme pour le payement. De plus l'obligation de payer le prix, loin d'être une modalité extrinsèque et accidentelle du contrat de vente, en est un élément intrinsèque et si essentiel que l'idée de vente est inséparable de l'idée de prix ; là où il n'y a pas de prix, il ne peut pas y avoir de vente. Dès lors, l'obligation de payer le prix étant de l'essence du contrat de vente, les parties ne pourraient déroger à ce principe absolu et transformer l'obligation de payement du prix en une simple condition, sans faire disparaître le contrat lui-même.

Au fond la question est ici la même que celle qui se posait avant la loi du 12 février 1872 sur le point de savoir si la faillite du locataire permettait au bailleur d'exiger le payement de tous les loyers à échoir. On avait essayé de soutenir, pour limiter le privilège exorbitant du bailleur, que le payement des loyers était une obligation conditionnelle, subordonnée à la jouissance du preneur. La Cour de cassation (1) avait fait justice de cette interprétation et décidé avec raison que le payement des loyers était une dette à terme que la faillite du débiteur rendait immédiatement exigible en vertu des articles 1184 du Code civil et 444 du Code de commerce.

Vainement objecterait-on que l'article 1184 du Code civil déclare que l'inexécution des obligations de l'une des parties est une condition résolutoire des contrats synallagmatiques. La terminologie du législateur est ici évidemment inexacte ; il est bien certain qu'il a voulu exprimer simplement cette idée que l'inaccomplissement des obligations était une cause de résolution du contrat. Sans cela on arriverait à cette conclusion inadmissible que tout contrat synallagmatique serait de sa nature conditionnel.

Le contrat qu'il s'agit maintenant d'interpréter est donc une vente à terme, par suite soumis à la réglementation de la loi de 1838 (2).

Vainement essaierait-on aussi de l'y soustraire, en assimilant cette stipulation à une clause de retenue de la propriété, cette clause ne pouvant non plus produire aucun effet comme nous l'établirons plus tard.

Suivant les règles ordinaires du droit, non seulement

(1) Cass. req., 22 avril 1851, S. 51, 1, 646; Cass. civ., 7 décembre 1858, S. 59, 1, 423 et 425 ; Cass. req., 28 décembre 1858, S. 59, 1, 423 et 425 ; Cass. civ., 28 mars 1865, S. 65, 1, 201.
(2) Trib. comm. Seine, 28 novembre 1868 ; *J. Trib. comm.*, 69, p. 136 ; Bourges, 26 décembre 1887, S. 88, 2, 78.

le vendeur, mais aussi ses ayants cause, héritier, cessionnaire, subrogé ou créancier, sont soumis à la loi de 1838. C'est en vain que l'on objecterait que l'article 576 ne parle que du vendeur. Cet article est, à cet égard, démonstratif et non limitatif. Nous ne nous trouvons pas ici en présence de droits attachés à la personne du vendeur.

Il en serait de même d'un commissionnaire chargé d'acheter des marchandises pour le compte du failli. Mais ici il faut distinguer :

Le commissionnaire a-t-il acheté en son nom personnel, il est obligé directement envers le vendeur ; il est considéré vis-à-vis de lui comme étant le seul et véritable acheteur ; nonobstant la faillite de son commettant, il doit payer intégralement le prix. Mais peut-il alors se retourner contre le commettant et invoquer contre la masse, grâce au bénéfice de la subrogation légale de l'article 1251 du Code civil, les droits du vendeur ?

Il semble qu'il ne le puisse pas ; aucun contrat n'est intervenu entre le vendeur et le commettant ; il ne s'est formé entre eux aucun lien d'obligation ; ils sont restés étrangers l'un à l'autre. Comment dès lors le commissionnaire pourrait-il exercer contre le failli, au nom du vendeur, des droits et actions que celui-ci ne possédait pas ?

Cette solution rigoureuse paraît dictée par une logique irréfutable. Néanmoins nous ne la croyons pas exacte et nous ne l'adoptons pas. Elle est d'abord contraire à l'intention des parties, à l'équité et à la bonne

foi qui doivent présider aux relations commerciales et
en déterminer les conséquences raisonnables. Elle déna-
ture ensuite le caractère du contrat de commission. La
règle, que le commissionnaire agit en son propre nom
et pour son compte personnel, est absolue à l'égard des
tiers qui ne peuvent souffrir de l'insolvabilité d'une personne qu'on leur avait dissimulée, que l'on démasque
par surprise, que l'on tente de substituer comme l'acheteur réel au commissionnaire, acheteur apparent avec
lequel ils avaient seul traité. Mais, une fois cette protection des tiers assurée, la fiction qui n'a plus de raison
d'être s'évanouit, et les rapports se règlent entre le commissionnaire et le commettant, tels qu'ils sont dans la
réalité des choses. Le commissionnaire n'a pas, si l'on
veut, les droits d'un vendeur par un effet de la subrogation, puisque le vendeur primitif n'avait pas d'action
contre le commettant, mais ces droits sont nés en sa
personne ; il a joué vis-à-vis de l'acheteur le rôle d'un
second vendeur.

Il se peut encore que le commissionnaire ait joué un
rôle plus effacé ; il n'a servi que d'intermédiaire entre
le vendeur et l'acheteur, il ne s'est pas engagé person-
nellement, il a acheté exclusivement au nom de son
commettant. Alors, s'il consent à payer le prix au vendeur, il fait un payement purement volontaire dans le
sens de l'article 1236 du Code civil qui ne lui assure en
aucune façon le bénéfice de la subrogation légale (1).

(1) Cass. civ., 4 nov. 1810, S. 1811, 1, 37.

DEUXIÈME CONDITION

IL FAUT QUE LA VENTE AIT EU POUR OBJET DES MARCHANDISES.

Cette condition résulte de la seule lecture des articles 576 et suivants. Ils emploient en effet le terme marchandises; il faut donc en conclure que les marchandises seules peuvent être l'objet des ventes qu'ils régissent. Il y a, sur ce point, unanimité dans la doctrine et la jurisprudence.

Malheureusement l'article 550 se sert d'une expression beaucoup plus générale; il parle du vendeur d'effets mobiliers. Aussi beaucoup d'auteurs en ont-ils conclu que l'article 550 avait une portée beaucoup plus étendue, et qu'il refusait le privilège et la revendication de l'article 2102 à tout vendeur de meubles.

Cette interprétation nous semble absolument inadmissible; l'article 550 et les articles 576 et suivants visent la même hypothèse, se réfèrent à la même situation juridique; ils forment un tout complet et harmonique. Les termes qu'ils emploient doivent donc avoir exactement la même signification; et comme il est bien certain que le vendeur de marchandises seul est soumis aux prescriptions des articles 576 à 580, c'est que le terme — effets mobiliers — de l'article 550 est employé dans un sens restrictif comme synonyme de marchandises.

Voici en effet à quelle contradiction choquante on

aboutirait avec le système adverse. Le vendeur de meubles autres que des marchandises perdrait bien le privilège et la revendication de l'article 2102, puisque l'article 550 lui serait applicable, mais il conserverait l'action résolutoire bien plus dangereuse pour le tiers, puisqu'il échapperait à l'article 576. A quoi bon alors refuser au vendeur de meubles non commerciaux l'exercice du privilège, quand l'action résolutoire lui permet d'arriver à un résultat au moins équivalent (1) ? Aussi déciderons-nous sans hésitation, malgré les autorités imposantes qui soutiennent l'opinion contraire, que l'article 550 comme les autres articles ne se réfère qu'aux ventes de marchandises. Telle était d'ailleurs l'interprétation

(1) On serait peut-être tenté d'objecter que cette contradiction n'existait pas seulement dans la loi de 1838. Ainsi en ce qui concerne la vente d'immeubles, l'action résolutoire n'a été solidarisée avec le privilège qu'à partir de la loi du 23 mars 1855 et encore cette solidarisation est-elle fort incomplète. Qu'y aurait-il dès lors d'étonnant, pourrait-on dire, à constater que cette *inelegantia juris* se trouve dans la loi commerciale, puisqu'elle existait déjà dans la loi civile ?

L'argument est plus spécieux que convaincant. Tout d'abord lorsqu'on remarque dans un monument juridique un vice de construction, un manque d'harmonie, il est de saine interprétation de supposer qu'il est l'exception et non la règle — *Quæ sunt contra rationem juris sunt restringenda.* — De plus on a tort de conclure des dispositions du Code civil aux dispositions de la loi commerciale. Le législateur de 1804 s'était occupé uniquement des conditions d'exercice du privilège ; il ne s'était pas inquiété des conséquences de l'action résolutoire. Le défaut de corrélation entre ces deux droits sous l'empire du Code s'explique donc naturellement, s'il ne se justifie pas. Le législateur de 1838 au contraire a réglementé à la fois le privilège et l'action résolutoire ; il n'a pas eu en vue un seul de ces droits isolément, mais l'ensemble des droits du vendeur ; il a voulu déterminer entièrement sa situation à l'égard de la masse des créanciers de la faillite. Étant donné ce but que le législateur de 1838 s'était proposé, but tout différent de celui des rédacteurs du Code, une inégale limitation de ces deux droits du vendeur eût été absolument inexplicable. L'argument que nous développons au texte subsiste donc dans toute sa force.

admise par la jurisprudence avant la loi de 1838 et les rédacteurs de la loi nouvelle n'ont jamais manifesté l'intention de la modifier.

Mais alors que faut-il entendre par marchandises?

D'une manière générale les marchandises sont les effets mobiliers corporels ou incorporels qui sont l'objet de spéculations, que l'on achète pour revendre ; autrement dit les meubles sont marchandises quand la vente a le caractère d'un acte commercial.

Aucune difficulté ne s'élèvera si l'acte est commercial pour les deux contractants. Mais il arrivera souvent que la vente, opération commerciale pour l'un, sera pour l'autre une opération purement civile.

Ainsi, par exemple, un fabricant vend des meubles à un commerçant pour l'ornement de sa maison : l'acte est commercial pour le vendeur et civil pour l'acheteur.

Voici, au contraire, un propriétaire qui vend à un marchand de bois une coupe de sa forêt ; l'acte est civil pour le vendeur et commercial pour l'acheteur.

A quel point de vue devons-nous nous placer pour apprécier le caractère juridique des meubles? Est-ce au point de vue du vendeur ou au point de vue de l'acheteur?

Pour le savoir, il suffit de se souvenir pour quelles raisons le législateur de 1838 a limité les droits du vendeur en matière de faillite. Il a voulu favoriser le crédit commercial en assurant comme gage aux créanciers de l'acheteur les marchandises entrées dans ses magasins. D'où il résulte que pour savoir si les meubles vendus ont ou n'ont pas le caractère de marchandises au sens des articles 550, 576 et suivants, il faut et il suffit qu'ils aient ce caractère à l'égard de l'acheteur (1).

Si tel est le sens du mot marchandises, on comprend très bien dès lors qu'eu égard au vendeur, on puisse indifféremment le désigner sous le nom de vendeur d'effets mobiliers ou sous le nom de vendeur de marchandises. Les deux expressions sont également exactes. C'est là une nouvelle preuve et une preuve décisive qu'on ne peut induire des termes « vendeur d'effets mobiliers » de l'article 550, l'intention chez le législateur de donner à cet article une portée plus considérable qu'aux autres.

Les raisons qui nous ont permis de déterminer à quelle catégorie de meubles s'appliquait la réglementation de la loi de 1838, vont nous donner la solution de plusieurs difficultés qui se sont présentées.

La question s'est posée en jurisprudence à propos de la vente d'un fonds de commerce et de la vente d'un office ministériel. Examinons successivement chacune de ces hypothèses :

Fonds de commerce. — Une question qui se pose préalablement est celle de savoir si l'achat d'un fonds de commerce est ou n'est pas un acte commercial.

La question est très controversée. Des auteurs et même des arrêts (2) ont soutenu qu'il n'y avait pas là

---

(1) Bordeaux, 22 février 1850, D. 52, 2, 252.

(2) Cass. req., 24 avril 1861, D. 61, 1, 256 ; Paris, 9 juin 1869, D. 70, 2, 6.

d'acte commercial. Au moment de l'achat du fonds de
commerce, l'acheteur n'est pas encore commerçant et
il achète le fonds non pour le revendre, mais pour
l'exploiter.

Cette opinion ne laisse pas que de paraître assez
étrange. Il semble difficile de trouver une opération plus
empreinte de commercialité, qui ressortisse plus naturellement de la compétence des tribunaux de commerce,
d'autant que, dans la pratique, c'est par les usages du
commerce que se déterminent en pareil cas les obligations du vendeur et de l'acheteur. Au lieu de dire que
l'acheteur, au moment de l'achat, n'est pas encore un
commerçant, il est plus juste de considérer l'acquisition
du fonds comme le premier acte, la première manifestation de sa vie commerciale. De plus, lorsqu'au moment
de l'acquisition l'acheteur était déjà commerçant, l'acte
est commercial pour ceux qui admettent la théorie de
l'accessoire. Il ne pourrait y avoir de difficulté que dans
le cas où l'acheteur n'est pas encore un commerçant au
moment de l'achat. Pourtant, même alors, il est plus
exact de décider que l'acte est commercial. Rien ne s'oppose à ce que l'accessoire précède le principal et il serait
injuste de prêter à une même opération, faite en vue
du même but, des caractères différents selon la date à
laquelle elle a été passée (1).

(1) Lyon-Caen et Renault, *Traité de Droit commercial*, tome I, n° 175 ;
Dijon, 16 mai 1859, D. 59, 5, 9 ; Paris, 18 janv. 1862, D. 62, 5, 7 ; Paris,
7 fév. et 30 juillet 1870, S. 71, 2, 149 ; Rennes, 5 mars 1873, S. 73, 2, 164 ;

Cette première question résolue, le caractère commercial du fonds de commerce établi en principe, l'application de nos articles à l'achat du fonds de commerce ne saurait plus être l'objet d'une controverse bien sérieuse. Le fonds de commerce est l'objet direct du crédit commercial de l'acheteur, il est même souvent une partie considérable du gage commun sur lequel les créanciers commerciaux sont en droit de compter. Il a bien ainsi le caractère requis pour être soumis aux règles de la loi de 1838. De plus, lors de la discussion de la loi, un député, M. Oger, avait proposé de soustraire les fonds de commerce à l'application de nos articles et son amendement fut repoussé par la Chambre des Députés (1). Si donc, on peut s'expliquer qu'il y ait eu dans la jurisprudence antérieure une certaine hésitation, toute incertitude à cet égard a aujourd'hui disparu.

Mais les vendeurs de fonds de commerce ne se sont pas découragés, et ils ont essayé de reprendre par un détour les droits qu'on leur enlevait. Il arrive très souvent que les actes de vente contiennent une cession de bail des lieux affectés au commerce, ou une clause spéciale interdisant au vendeur d'exercer le même commerce dans la localité où est situé le fonds vendu ou dans un certain périmètre autour de cette localité. Or les vendeurs, surpris par la faillite de l'acheteur du fonds et privés du droit de faire résoudre le contrat ou

Cass. req., 8 mars 1880, S. 81, 1, 43 ; Trib. civ. Seine, 22 mai 1882, *Droit* du 19 nov. 1882 ; Trib. civ. Cambrai, 7 juillet 1886, *Droit* du 2 juin 1887.

(1) *Moniteur* du 23 février 1835.

de se faire payer par privilège le prix stipulé, ont prétendu tout au moins considérer comme non avenues
les clauses accessoires du contrat. Leurs prétentions
semblaient assez légitimes. Ils avaient mis jadis toute
leur fortune ou une grande partie tout au moins dans
leur commerce ; ils espéraient la retrouver au moment
de la liquidation. La faillite de leur acheteur leur enlève
cet espoir ; ruinés par ce désastre imprévu, leur unique
ressource est de reprendre leur ancienne profession et
de l'exercer là où ils étaient autrefois avantageusement
connus.

Quelque intéressante que soit leur situation, il est
impossible de donner satisfaction aux vendeurs. Ces
clauses font partie intégrante du contrat de vente ; elles
sont intimement liées à son sort. La cession du bail ne
fait qu'un en réalité avec la cession du fonds ; forcer la
masse de la faillite à changer le lieu d'exploitation aboutirait bien souvent à enlever toute valeur au fonds de
commerce lui-même ; et le même résultat se produirait
si l'on permettait au vendeur de reprendre son ancien
commerce là où il l'exerçait autrefois. Aussi le prix de
vente est-il toujours évalué en considération de ces
clauses ; les annuler, ce serait en réalité annuler le
contrat lui-même.

Aussi estimons-nous que ces clauses doivent continuer à être respectées (1), et même que si le vendeur

(1) Paris, 23 juillet 1843, *Droit* du 22 décembre 1843 ; Paris, 12 décembre 1850, S. 51, 2, 79.

contrevenait à leur observation scrupuleuse, le syndic aurait le droit d'intenter contre lui l'action en garantie, et de réclamer l'exécution de la clause pénale au cas où elle aurait été insérée dans l'acte de vente (1).

Office ministériel. — Pour que la question puisse se poser ici, il faut évidemment supposer admis qu'en droit commun le vendeur d'un office ministériel jouit d'un privilège, et que, de plus, le titulaire de l'office qui a fait des opérations commerciales fréquentes et répétées peut être déclaré en faillite. Ces deux solutions sont l'une et l'autre contestées ; il ne rentre pas dans le cadre de cette étude d'examiner ces controverses. Nous les supposerons donc résolues affirmativement, ce qui est d'ailleurs l'opinion adoptée par les tribunaux.

Pour l'office d'agent de change, nous admettons qu'il y a lieu à l'application de nos articles.

En effet l'article 1ᵉʳ du Code de commerce déclare commerçants ceux qui exercent des actes de commerce et en font leur profession habituelle — et l'article 632 répute acte de commerce toute opération de change, banque et courtage. De la combinaison de ces deux articles, il ressort évidemment à notre avis que les agents de change sont des commerçants. La question toutefois est discutée en doctrine et en jurisprudence ; on a objecté les articles 85 et 86 du Code de commerce, d'après lesquels les agents de change ne peuvent faire aucun acte de commerce pour leur compte. Mais la loi

(1) Sur ce point particulier, *Contrà*, Paris, 12 décembre 1850, S. 51, 2, 79.

ne dit nulle part qu'il soit nécessaire pour être commerçant de faire des actes de commerce pour son propre compte.

Dès lors les agents de change devant être regardés comme des commerçants, il est naturel de considérer leur charge comme un fonds de commerce qu'ils exploitent.

Mais en est-il de même de tout autre office ministériel qui n'a pas le caractère commercial, comme par exemple une charge de notaire ou d'avoué ?

Nous ne le pensons pas. La seule raison qu'invoquent ceux qui veulent leur appliquer l'article 550, consiste dans la généralité de ses termes. Nous avons dit plus haut ce qu'il fallait penser de cette objection ; nous avons essayé de démontrer que l'article 550 ne s'étendait qu'aux marchandises seules : on ne peut donc l'étendre à la vente d'un office ministériel.

Et cette distinction est très rationnelle. Ceux qui font des opérations commerciales avec un officier ministériel, un notaire ou un avoué, savent parfaitement quelle est la nature de ses fonctions incompatibles avec le commerce. Si, au mépris des prohibitions formelles de la loi, ils consentent néanmoins à traiter avec lui, ils ne sont pas ensuite fondés à se plaindre du préjudice qu'ils éprouvent. Le vendeur au contraire ne mérite-t-il pas de conserver son privilège ? Il savait que son acheteur ne devait pas faire acte de commerce ; aussi avait-il le droit de compter absolument sur les garanties que lui assurait le Code civil. Il serait inique de faire retomber sur lui les conséquences des actes que son successeur n'a pu commettre qu'en manquant aux prescriptions que la loi lui imposait. C'est ainsi d'ailleurs que la question a été entendue lors des travaux préparatoires. M. Renouard (1), rapporteur de la commission, l'a formellement déclaré à la Chambre des Députés (2).

TROISIÈME CONDITION

IL FAUT QUE LE PRIX N'AIT PAS ÉTÉ PAYÉ.

Pour que le vendeur puisse réclamer l'exécution des garanties qui lui appartiennent, il est de toute évidence qu'il faut qu'on ne lui ait pas encore donné satisfaction, qu'il soit encore créancier du prix. Mais bien souvent des contestations s'élèveront sur le point de savoir si l'on se trouve en présence d'un payement véritable, puisqu'il n'est pas nécessaire, pour qu'une dette soit payée, qu'elle soit acquittée en argent.

C'est ainsi que très fréquemment les commerçants remettent à leurs créanciers des effets de commerce : lettre de change, billet à ordre, etc. Cette remise de valeurs produit-elle les mêmes effets qu'un payement en argent ? La créance née de la vente est-elle éteinte et remplacée par une créance nouvelle née de la lettre de

---

(1) *Moniteur* du 23 février 1835.

(2) La jurisprudence est en sens contraire. Voir notamment : Cass. req., 25 août 1853, S. 53, 1, 606 ; Cass. civ., 10 février 1857, S. 57, 1, 602 ; Cass. req., 18 déc. 1867, S. 68, 1, 248.

change? Autrement dit une novation s'est-elle opérée?

Pour répondre à cette question, il faut se rappeler le principe que la novation ne se présume pas (1273 C. civ.). On ne peut admettre *à priori* que le créancier ait entendu se dépouiller des garanties que le contrat primitif pouvait lui assurer. Il doit avoir manifesté l'intention de nover, sinon en termes sacramentels, du moins d'une manière expresse et formelle. Dès lors la novation dépendra le plus souvent de circonstances laissées à la souveraine appréciation des juges.

C'est en application de ce principe qu'il est admis sans contestation, par la doctrine et la jurisprudence, que la simple remise d'effets de commerce, comme une lettre de change ou un billet à ordre, n'opère pas par elle-même novation. Il n'en serait ainsi que si le vendeur, en échange de l'effet, avait remis à l'acheteur la quittance de la facture (1).

Il est toutefois une hypothèse également très fréquente, où la novation résultera nécessairement de l'acte intervenu entre les parties, c'est l'hypothèse d'une passation en compte-courant. L'effet novatoire en est la conséquence nécessaire; pour l'empêcher, il faudrait que le vendeur eût exclu formellement du compte-courant la créance résultant du prix de vente.

Ainsi, toutes les fois que l'obligation de payer ne sera

____

(1) Cass. req., 9 novembre 1823, S. 24, 1, 164 ; Cass. req., 27 juillet 1858, S. 59, 1, 109 ; Rennes, 30 août 1866, *J. des faillites*, 67, p. 177 ; Paris, 16 mars 1880, *J. des faillites*, 80, p. 605.

pas éteinte, le vendeur pourra exercer les droits que lui confère la loi commerciale. Et il importe peu qu'il ait accordé un terme pour le payement du prix, la faillite privant l'acheteur du bénéfice du terme (art. 1188, C. civ.).

Il est également indifférent qu'il ait déjà reçu un payement partiel du prix de la marchandise. Mais ici il faut distinguer suivant que le vendeur se trouve appelé à exercer tel ou tel de ses droits :

Se trouve-t-il soumis à l'article 550, il gardera les sommes qu'il a touchées, à moins qu'il n'y ait lieu d'appliquer les règles des articles 446 et 447 relatives aux payements faits pendant la période suspecte. Pour le restant de sa créance, il ne sera plus autorisé qu'à produire à la masse comme créancier chirographaire, et ne touchera qu'un dividende.

Se trouve-t-il dans le cas d'exercer l'action résolutoire que lui accorde l'article 576, il devra préalablement restituer les à comptes reçus. L'action résolutoire est indivisible dans ses effets ; un contrat ne pouvant être à la fois maintenu et anéanti.

A-t-il enfin le pouvoir d'exercer le droit de rétention de l'article 571, il gardera les à comptes jusqu'au parfait payement du prix ; et si, sur le refus des syndics d'effectuer ce payement, il fait alors résoudre la vente, il devra, comme dans le cas précédent, rembourser les sommes que l'acheteur lui aurait déjà payées.

QUATRIÈME CONDITION

IL FAUT QU'IL Y AIT FAILLITE DÉCLARÉE DE L'ACHETEUR.

Cette dernière condition n'est pas exigée par la jurisprudence. Elle pose en principe que la faillite peut exister sans qu'elle ait été constatée par un jugement déclaratif. La faillite résulte pour elle du fait de la cessation des payements, fait qui peut être reconnu par toute juridiction, qui peut produire ses effets sans qu'il soit besoin d'une décision judiciaire. Il n'y a d'exception que pour les règles qu'un texte formel subordonne au jugement déclaratif, ou qui supposent l'organisation d'une procédure spéciale.

Partant de ce principe, beaucoup de cours et de tribunaux (1) décident que la réglementation de nos articles doit recevoir son application, avant même que la faillite ait été prononcée par le tribunal de commerce.

Ce système est évidemment rejeté par les auteurs — et ils sont nombreux — qui n'admettent pas la doctrine de la jurisprudence, doctrine extrêmement contestable, et que pour notre part nous croyons inexacte, sans vouloir entreprendre ici une réfutation qui ne rentrerait pas dans le cadre de cette étude.

Nous pensons même qu'en acceptant la théorie juris-

______

(1) Marseille, 21 juillet 1862, *J. de Marseille*, 62, 1, 222 ; — 3 février 1863, — 63, 1, 59 ; — 20 juillet 1869, — 69, 1, 226 ; — 17 août 1869, — 69, 1, 254 : Bordeaux, 23 février 1870, D. 71, 2, 54 ; Aix, 16 décembre 1885, *J. des Faillites*, 87, p. 404 ; Trib. comm. Hâvre, 14 janv. 1889, *J. de Marseille*, 89, 2, 152.

prudentielle, ce système ne saurait ici triompher. L'article 578 en effet qui se réfère aux hypothèses prévues et par l'article 576 et par l'article 577 suppose qu'un syndic a été nommé. Or la nomination du syndic ne peut résulter que du jugement déclaratif.

Quelle que soit la théorie générale que l'on adopte sur les effets de la faillite, il ne saurait donc y avoir de divergence d'opinion sur la solution à donner. La conclusion est nécessairement que, tant que la faillite n'a pas été constatée par le tribunal de commerce dans les formes déterminées par la loi, les droits du vendeur sont réglementés par le Code civil (1).

Mais, à l'inverse, il est bien certain qu'à partir du moment où le jugement déclaratif est devenu définitif, c'est la loi commerciale qui seule régit la situation du vendeur. Dorénavant les articles 550, 576 et suivants doivent être observés, lors même qu'un concordat serait intervenu, le concordat ne modifiant en rien les règles qu'ils édictent (2).

Les tribunaux ont fait une très fréquente application de ces principes en décidant que si les marchandises ne sont entrées dans les magasins de l'acheteur que postérieurement au jugement déclaratif, elles peuvent être revendiquées par le vendeur. Le jugement déclaratif, en effet, fixe irrévocablement la situation des parties ;

(1) Douai, 5 août 1818, S. 20, 2, 211 ; Paris, 20 juillet 1831. D. Rép. v° *Faillite*, n° 1237 ; Trib. comm. Marseille, 12 avril 1886, *J. de Marseille*, 83, 1, 163

(2) Paris, 27 février 1857, S. 57, 2, 331.

les événements ultérieurs ne peuvent plus y apporter aucune modification (1).

Il faut en dire autant de toute autre décision judiciaire, qui, antérieurement à la déclaration de faillite, aurait statué sur les droits du vendeur non payé.

Ainsi un jugement aura prononcé la résolution de la vente, ou bien, en vertu d'un règlement de distribution par contribution, le vendeur aura été colloqué par privilège pour le payement intégral de son prix (2), ou enfin il aura fait valider une saisie-revendication exécutée en vertu de l'article 2102 du Code civil (3). Dans tous ces cas, il y a droit acquis définitivement pour lui à réclamer l'application du droit commun. Il suffit même que la demande du vendeur soit antérieure à la faillite. Ainsi un vendeur intente contre l'acheteur l'action résolutoire ; au cours de l'instance l'acheteur est déclaré en faillite ; néanmoins le jugement ne devra tenir aucun compte de l'article 576, le droit civil est seul applicable, car le juge doit se reporter au jour de la demande pour en apprécier la légalité (4).

Mais, sauf ces exceptions, à partir du jugement déclaratif, le vendeur est soumis aux règles de la loi commerciale. Or on sait qu'en vertu de la décision exceptionnelle de l'article 440, ce jugement est immédia-

---

(1) Rennes, 28 mars 1858, S. 58, 2, 632 ; Paris, 19 février 1879, *J. des faillites*, 79, p. 54 ; Cass. civ., 13 août 1879, S. 80, 1, 264.

(2) Paris, 4 décembre 1856, S. 57, 2, 770.

(3) Douai, 17 juin 1875, D. 76, 2, 66 ; Paris, 25 juillet 1882, D. 82, 2, 215.

(4) Cass. civ., 24 déc. 1889. D. 90, 1, 161.

tement exécutoire par provision : par conséquent, sans attendre qu'il soit passé définitivement en force de chose jugée, les articles 550, 576 à 580 seront appliqués au vendeur non payé. Mais si la faillite est ensuite rapportée sur opposition ou appel du failli, le vendeur peut-il faire considérer comme non avenue la procédure provisoire, et recouvrer l'exercice de ses droits conformément au Code civil?

Il a été soutenu et jugé (1) qu'il ne le pouvait pas. La rétractation de la faillite, a-t-on dit, met bien fin au mandat du syndic, mais elle n'empêche pas qu'il n'ait légalement existé. Tout au moins si l'on dénie au syndic la qualité de mandataire du failli, très certainement on ne peut contester qu'il ait été son *negotiorum gestor*... Le retrait de la faillite ne peut compromettre le sort des actes régulièrement accomplis par le syndic.

Cette opinion ne saurait être acceptée ; en principe l'annulation d'un jugement par l'opposition ou l'appel produit un effet rétroactif et aucun texte ne vient apporter ici une dérogation à ce principe. Bien plus, l'article 440 déclare que le jugement est exécutoire, mais provisoirement seulement ; c'est donc que les actes faits dans l'intervalle ne sont pas définitifs.

Jusqu'à présent nous nous sommes occupés de la manière dont le sort du vendeur était réglé après la déclaration de faillite. Mais il se peut qu'à la veille du

____

(1) Aix, 6 janvier 1844, S. 45, 2, 31 ; Marseille, 17 août 1869, *J. de Marseille*, 69, 1, 254.

jugement, l'acheteur ait voulu favoriser le vendeur aux
dépens des autres créanciers. Ainsi il lui aura assuré le
payement du prix avant l'arrivée du terme qui lui avait
été concédé, ou bien le terme était échu, mais le payement a été effectué autrement qu'en espèces ou effets de
commerce. Si ces actes ont été passés depuis la cessation des payements ou dans les dix jours qui l'ont précédée, ils seront déclarés nuls en vertu de l'article 446.
Bien plus le payement pourra être annulé, en vertu de
l'article 447, même si le terme était échu et s'il a eu lieu
en espèces ou effets de commerce, si on l'a exécuté depuis la cessation des payements et si le vendeur a eu
connaissance de l'état des affaires de l'acheteur. Le vendeur serait mal fondé à prétendre que les articles 550,
576 et suivants sont les seuls qu'on puisse invoquer contre lui. Ces articles déterminent seulement sa situation
après la faillite ; ils n'excluent nullement l'application
des règles générales des articles 446 et 447 relatives à
la validité des actes passés antérieurement à la faillite (1).

Enfin, en vertu de l'article 24 de la loi du 4 mars
1889, toutes ces dispositions concernant la faillite doivent être également observées au cas de liquidation
judiciaire (2).

Nous avons ainsi déterminé les conditions générales
dont la réunion est indispensable pour permettre l'ap-

(1) Besançon, 28 mars 1855, S. 55, 2, 398 ; Paris, 2 janvier 1862, *J. des
faillites*, 62, p. 216 ; Paris, 18 août 1871, S. 71, 2, 210.
(2) Trib. comm. Marseille, 24 juin 1889, *J. de Marseille*, 89, 1, 254.

plication des règles consacrées par les articles 550, 576 à 580 de la loi de 1838. Nous les synthétiserons dans la formule suivante :

Les articles 550, 576-580 s'appliquent au vendeur de marchandises non payé en cas de faillite déclarée de l'acheteur.

Une dernière question nous reste à résoudre : Les prescriptions de la loi de 1838 ont-elles un caractère tellement impératif que les parties contractantes ne puissent y déroger par un accord particulier ?

Il est hors de doute qu'une convention expresse qui rétablirait le privilège ou l'action résolutoire ne pourrait être regardée comme valable. Les règles prohibitives des articles 550 et 576 sont trop formelles pour qu'il soit permis de les enfreindre ouvertement (1).

Il est bien certain également que le vendeur ne pourrait pas insérer dans le contrat une clause qui lui accorderait le droit de rétention malgré la délivrance réelle des marchandises et son dessaisissement effectif. Le droit de rétention, supposant nécessairement le fait matériel de la possession, ne peut être maintenu par le seul effet de la volonté des parties, quand la possession a disparu (2).

Mais il est d'autres clauses dans lesquelles le vendeur vigilant trouvera peut-être ce surcroît de garanties que

____

(1) Amiens, 12 janvier 1849, S. 49, 2, 143 ; Paris, 20 décembre 1849, D. 50, 2, 207 ; Cass. civ., 4 août 1852, S. 52, 1, 705.

(2) Cass. civ., 4 août 1852, S. 52, 1, 705 ; Cass. civ., 29 mai 1876, S. 76, 1, 351 ; Cass. req., 23 mai 1881, S. 81, 1, 312.

la loi lui refuse ; nous voulons parler de la clause par laquelle le vendeur retient la propriété de l'objet vendu jusqu'au payement du prix, et de celle par laquelle il stipule un droit de gage. Ces clauses peuvent-elles être admises ?

En droit commun, leur validité ne saurait être discutée. D'une part, aucun texte ne défend au vendeur de se réserver un droit de gage en observant les formalités requises par les articles 91 et 92 du Code de commerce. D'autre part, l'article 1138 du Code civil, qui déclare la propriété transférée par la seule force de la convention, ne renferme pas une disposition impérative et d'ordre public ; il est purement interprétatif de la volonté des parties qui peuvent y déroger à leur gré et reculer l'époque du transfert de la propriété.

Mais, dans l'hypothèse d'une faillite, ces stipulations sont-elles encore autorisées ?

Il faut répondre par une distinction :

Quand le vendeur s'appuie sur un droit de gage qu'il a expressément stipulé, il agit en réalité non comme vendeur, mais comme créancier gagiste, et par conséquent on ne saurait alors lui appliquer des articles qui concernent le vendeur et non le créancier gagiste. D'ailleurs les créanciers ne sont pas en droit de se plaindre de l'exécution de cette clause ; elle ne peut être pour eux la source d'aucune déception, puisque, pour que la constitution de gage soit valable, il faut nécessairement que les marchandises engagées soient en la possession du créancier ou d'un tiers en son nom. N'étant pas en la possession de l'acheteur, elles n'ont pu être la raison du crédit qu'il a obtenu ; ses créanciers n'ont jamais pu compter sur elles.

Mais il en est autrement de la clause par laquelle le vendeur retient la propriété des marchandises vendues. De deux choses l'une, en effet : ou cette clause aurait pour conséquence implicite la résolution du contrat, et alors elle devrait être annulée comme éludant les dispositions prohibitives de l'article 576 (1) ; ou elle laisse au contraire subsister le contrat de vente, et alors elle viole les dispositions prohibitives de l'article 550.

Il importe ici toutefois d'entrer dans quelques explications. L'interprétation de la clause litigieuse, en vertu de laquelle la retenue de la propriété n'entraîne pas la résolution du contrat, est la seule admissible, en l'absence de toute manifestation de volonté contraire de la part des contractants. Il n'y a en effet aucune corrélation nécessaire entre la formation du contrat de vente et le transfert de la propriété, et si le contrat peut se former sans que la propriété soit transmise, il s'ensuit logiquement qu'il peut subsister bien que la propriété revienne au vendeur.

La persistance du contrat diminue considérablement les droits que le vendeur peut avoir sur la chose en se réclamant de sa qualité de propriétaire. Les obligations

---

(1) Nous établirons en effet, dans le chapitre IV, que l'action dont l'exercice est restreint et limité par l'article 576 n'est autre que l'action résolutoire.

de la vente subsistant toujours à sa charge, il est tenu
de livrer les marchandises au syndic, si celui-ci lui offre
le payement intégral du prix ; il ne pourrait donc les
aliéner.

Ainsi le seul avantage que le vendeur trouverait dans
son droit de revendication serait de reprendre la possession des marchandises et d'exercer sur elles le droit de
rétention jusqu'à parfait payement. La revendication de
la propriété produirait donc, en pareil cas, le même effet
que la revendication de l'article 2102, c'est-à-dire uniquement la reprise de la possession ; bien plus il n'y aurait aucune différence entre elles au point de vue de leur
nature juridique, la revendication de l'article 2102 dérivant, comme nous l'établirons bientôt (1), de l'ancienne
action en revendication de la propriété qui compétait
au vendeur. Or la revendication de l'article 2102 est in-
terdite par l'article 550. La clause par laquelle le vendeur se réserverait le droit de revendiquer en qualité
de propriétaire serait donc une violation directe de cet
article (2).

(1) Voir *infrà* chapitre III, section II.
(2) La jurisprudence est en ce sens : Montpellier, 20 février 1885, D. 86,
2, 171 ; Bourges, 26 décembre 1887, S. 88, 2, 78.

CHAPITRE III

**Des droits du vendeur entièrement abolis
par la loi de 1838.
Article 550 du Code de commerce.**

I

LE PRIVILÈGE.

Le privilège établi par l'article 2102 du Code civil,
dit l'article 550, ne pourra plus être exercé en cas de
faillite.

Cette formule nous permet de déterminer quel est
exactement le privilège atteint par la prohibition de l'article 550 et quelle est la nature de cette prohibition.

Ce privilège qui ne peut plus être exercé est le privilège de l'article 2102, 4° du Code civil. Par conséquent
le vendeur pourra librement exercer son privilège, s'il
puise cette protection dans un autre texte.

C'est ainsi que l'article 2101, 5° du Code civil déclare
privilégiées les fournitures de subsistances faites au
débiteur et à sa famille, savoir pendant les six derniers
mois par les marchands en détail, tels que boulangers,
bouchers et autres ; et pendant la dernière année par
les maîtres de pension et marchands en gros.

De même l'article 191 du Code de commerce accorde un privilège :

1° Aux vendeurs de navires, aux fournisseurs et ouvriers employés à la construction, si le navire n'a pas encore fait de voyage.

2° Aux créanciers pour fournitures, travaux, main-d'œuvre, pour radoub, victuailles, armement et équipement, avant le départ du navire s'il a déjà navigué.

Enfin une loi du 26 pluviôse an XI et un décret du 12 décembre 1806 ont créé un privilège au profit des fournisseurs de matériaux pour travaux à exécuter pour le compte de l'État, en faisant défense aux créanciers particuliers des entrepreneurs ou adjudicataires de ces travaux de former opposition au préjudice des fournisseurs de matériaux, sur les sommes déposées dans les caisses du receveur de district pour être délivrées auxdits entrepreneurs et adjudicataires.

Tous ces privilèges subsistent; ces diverses catégories de vendeurs ne souffriront pas de la faillite de leur débiteur commerçant, plus qu'ils ne souffriraient de la déconfiture de leur débiteur non commerçant. On s'explique aisément l'exception introduite en leur faveur, d'une part en raison de la protection particulière qu'ils méritaient qu'on leur accordât; d'autre part, en raison des motifs mêmes qui ont fait décider la suppression du privilège de l'article 2102. En effet les meubles qui auront été l'objet de ces ventes n'ont pas le caractère de marchandises que nous avons reconnu nécessaire, et n'ont pu contribuer dès lors à augmenter le crédit purement commercial de l'acheteur.

Les prescriptions de l'article 550 concernent donc uniquement le privilège ordinaire conféré au vendeur par l'article 2102 du Code civil. Mais quels effets produisent-elles à son égard?

Le privilège n'est pas anéanti complètement ; il est seulement paralysé ; il existe toujours, mais il a perdu toute son efficacité. La loi n'enlève pas des mains du vendeur cette arme juridique ; elle se contente de lui interdire de s'en servir contre la faillite. Telle est bien la signification des termes de l'article 550 ; il ne dit pas que le privilège est supprimé, mais seulement qu'il ne peut plus être exercé contre la masse. Au premier abord, cette analyse paraît bien subtile et une pure chicane de mots. Qu'importe au vendeur, semble-t-il, que son droit soit atteint dans son existence ou dans son efficacité ? Le résultat pratique n'est-il pas toujours le même pour lui ?

Il en sera souvent ainsi sans doute ; mais, dans certaines circonstances, on peut néanmoins comprendre l'utilité de cette distinction. On sait en effet, qu'aux termes de l'article 1693 du Code civil, — celui qui vend une créance ou un autre droit incorporel doit en garantir l'existence au temps du transport, quoiqu'il soit fait sans garantie — et l'article 1692 ajoute : — La vente ou cession d'une créance comprend les accessoires de la créance, tels que caution, privilège ou hypothèque. — Or supposons que le vendeur d'un objet mobilier quelconque, corporel ou incorporel, cède à un tiers tout ou partie du prix de vente en se soumettant seulement à la garantie de droit édictée par l'article 1693. L'acheteur des marchandises est déclaré en faillite, et la cessation des payements est reportée à une époque antérieure à la cession. Le privilège ne peut plus être exercé, conformément à l'article 550. Dans ces conditions, le cessionnaire aura-t-il un recours en garantie contre le cédant ?

Oui, si le privilège est considéré comme n'existant plus à l'époque de la cession. Mais nous avons vu qu'il n'en était rien. Le privilège existe, mais il ne peut plus être exercé ; il sommeille tant que dure la faillite. Or l'existence du privilège, mais non son efficacité, est le seul objet de la garantie de droit. Il faut donc refuser ici au cessionnaire tout recours contre le cédant (1).

II

LE DROIT DE REVENDICATION.

L'article 550 n'interdit pas seulement au vendeur l'exercice du droit de revendication, mais aussi l'exercice du droit de revendication consacré par l'article 2102, 4° du Code civil dans les termes suivants :

— Si la vente a été faite sans terme, le vendeur peut même revendiquer ces effets tant qu'ils sont en la possession de l'acheteur, et en empêcher la revente, pourvu

_____
(1) Bourges, 14 août 1855, S. 55, 2, 613.

que la revendication soit faite dans la huitaine de la livraison, et que les effets se trouvent dans le même état dans lequel cette livraison a été faite. —

Qu'est-ce au juste que ce droit de revendication ? Il est bien certain que ce n'est pas l'action du propriétaire, puisque la propriété de l'objet vendu a été transférée par la seule force de la convention du vendeur à l'acheteur. Mais quel est alors son caractère juridique ?

D'après une opinion fort ancienne, cette action en revendication ne serait qu'une variété de l'action résolutoire. Il y aurait ainsi, en quelque sorte, deux actions résolutoires dans le Code civil, différentes quant à leurs effets et aux conditions de leur exercice. L'une, celle des articles 1184 et 1654 du Code civil, serait une action personnelle qui supposerait un conflit s'élevant uniquement entre le vendeur et l'acheteur. L'autre, celle de l'article 2102, serait une action réelle accordée au vendeur contre les créanciers de l'acheteur, et dont les conditions seraient rendues plus rigoureuses dans l'intérêt de ses créanciers.

Une pareille opinion semble bien difficile à admettre. Il en résulterait que la loi, dans l'article 2102, diminuerait les droits du vendeur au moment même où elle vient de les garantir et de les accroître par la création d'un privilège, c'est-à-dire qu'elle s'inquiéterait des intérêts du tiers et qu'elle les sacrifierait en même temps. Ce sont là deux préoccupations contradictoires et inconciliables.

La rédaction même de l'article 2102 prouve bien d'ailleurs que telle n'a pu être la pensée du législateur. Après avoir accordé un privilège au·vendeur, dans le premier paragraphe, il ajoute — le vendeur peut *même* revendiquer. — Les expressions dont il se sert établissent bien qu'il s'agit d'un accroissement de faveurs et non d'une diminution de garanties. Enfin comment expliquer, avec ce système, la nécessité d'une vente sans terme pour permettre l'exercice de l'action résolutoire, et l'obligation de l'intenter dans la huitaine de la livraison? Ce sont là des exigences inintelligibles, si l'on accepte cette interprétation (1).

MM. Vuatrin et Valette ont démontré le caractère véritable de la revendication de l'article 2102. Elle n'est pas l'action résolutoire, elle est tout simplement une action en reprise de la possession pour arriver à l'exercice du droit de rétention.

Nous avons vu en effet, dans la préface historique de cette étude, que la revendication actuelle de l'article 2102 n'est que l'ancienne revendication transformée qui a passé dans le Code civil. Cette action n'aboutissait,

______

(1) D'après Troplong, la revendication de l'article 2102 serait une action résolutoire, non pas substituée, mais ajoutée à celle de l'article 1612. Le vendeur de meubles aurait donc concurremment deux actions résolutoires, celle de l'article 2102 ayant cet avantage d'être exercée dans les formes plus rapides de la saisie-revendication organisée par les articles 826 et suivants du Code de procédure. Cette explication ingénieuse se heurte également à l'impossibilité de rendre compte des deux conditions de la nécessité d'une vente au comptant et de l'exercice de l'action dans la huitaine de la livraison.

autrefois comme aujourd'hui, qu'à la reprise de la possession, et laissait subsister le contrat ; elle devait être aussi intentée dans la huitaine de la livraison (1) et n'était permise que dans les ventes au comptant. La seule différence qu'il y ait entre la revendication de l'ancien droit et la revendication de l'article 2102, c'est qu'elles n'ont pas le même fondement juridique. Le vendeur revendiquait jadis *jure dominii*, il revendique maintenant *jure pignoris*, puisqu'il n'est plus propriétaire.

Ce système nous donne la clef des dispositions de l'article 2102 inexplicables avec l'interprétation précédente. Il faut qu'il s'agisse d'une vente au comptant, parce qu'il n'y a pas de droit de rétention dans les ventes à terme (art. 1612, C. civil). Il faut que l'action soit intentée dans la huitaine de la livraison, parce qu'un plus long retard donnerait à penser que le vendeur a renoncé à son droit de rétention et qu'il a suivi la foi de l'acheteur. — Les termes mêmes employés par les rédacteurs du Code montrent bien que telle était leur opinion. Le vendeur, disent-ils, peut revendiquer les effets et en empêcher la revente. Le but de l'action est donc uniquement de prémunir le vendeur contre les dangers d'une revente précipitée.

Ajoutons enfin que tel est le sens du mot — revendication — dans le premier alinéa de l'article 2102, et qu'il serait bien étrange que le législateur eût donné à la

____

(1) Pothier, sur l'article 458 de la coutume d'Orléans ; Ferrière, sur l'article 176 de la coutume de Paris.

même expression deux significations différentes dans le même article.

L'action dont l'article 550 prohibe l'exercice à l'encontre de la faillite est donc l'action en reprise de la possession (1).

(1) Paris, 24 août 1839, S. 39, 2, 533 ; Limoges, 6 mai 1843, S. 43, 2, 236 ; Paris, 8 août 1845, S. 45, 2, 540 ; Rennes, 23 août 1847, D. 49, 2, 111 ; Caen, 3 janv. 1849, S. 49, 2, 640 ; Paris, 12 déc. 1850, S. 51, 2, 79 ; Agen, 26 mai 1868, S. 68, 2, 231 ; Cass. civ., 21 avril 1884, S. 86, 1, 105 ; Paris, 2 février 1888, D. 89, 2, 163.

CHAPITRE IV

**Du droit du vendeur intégralement maintenu par la
loi de 1838.**
Article 577 du Code de commrce.

L'article 577 le consacre en ces termes :

— Pourront être retenues par le vendeur les marchandises par lui vendues, qui ne seront pas délivrées au
failli ou qui n'auront pas encore été expédiées soit à lui,
soit à un tiers pour son compte. —

Cet article n'est que la consécration du droit de rétention tel qu'il est réglementé par le Code civil. Il est,
nous l'avons vu, la plus ancienne des garanties accordées
au vendeur et la seule qui ait duré à travers les âges
sans subir aucune transformation. Le législateur commercial, qui a effacé de la loi ou profondément altéré les
autres droits, a maintenu celui-ci avec sa physionomie
primitive. Son antiquité et son immuabilité montrent à
quel point ce droit est naturel, et comme il serait impossible de le refuser au vendeur sans une manifeste injustice. D'ailleurs l'idée qui avait inspiré aux rédacteurs
de la loi de 1838 les réformes nouvelles, n'exigeait pas le
sacrifice du droit de rétention. Leur préoccupation unique, exclusive, nous l'avons vu, avait été de rendre aux

créanciers de l'acheteur, plus solide et plus réel, le gage apparent sur lequel ils croyaient pouvoir compter ; et ils ne peuvent compter sur les marchandises retenues par le vendeur, puisqu'elles n'ont pas encore été livrées et qu'ils ignorent par conséquent que leur débiteur en est propriétaire.

Puisque le droit de rétention n'est pas soumis par l'article 577 à une réglementation spéciale, il continue à être régi par les articles 1612 et 1613 du Code civil. Avant comme après la faillite, pour les marchandises comme pour les autres meubles, le vendeur exercera ce droit de la même façon. Il l'exercera pour les ventes au comptant et même pour les ventes à terme, non seulement quand l'acheteur sera tombé en faillite, mais aussi dès qu'il sera en danger imminent de perdre le prix, à moins que l'acheteur ne lui donne caution de payer au terme convenu. Or la cessation des payements est bien un danger imminent ; dès ce moment, le vendeur pourra se refuser à la délivrance des marchandises vendues (1).

Puisque nous n'avons ici qu'à appliquer les règles du droit commun, nous n'avons pas à nous occuper spécialement du droit de rétention. Toutefois il nous paraît utile d'indiquer quelques-unes des décisions si nombreuses que les tribunaux ont rendues, dans l'hypothèse spéciale de la faillite de l'acheteur.

(1) Marseille, 21 juillet 1862, *J. de Marseille*, 60, 1, 122 ; — 3 février 1863, *J. de Marseille*, 63, 1, 59 ; — 20 juillet et 17 août 1869, *J. de Marseille*, 69, 1, 226 et 254.

Le vendeur peut retenir les marchandises tant qu'il n'en a pas perdu la possession. Or, pour qu'il ait perdu la possession, il n'est pas nécessaire que les marchandises soient matériellement sorties de ses magasins qu'elles aient été déplacées. Prenons l'exemple le plus frappant et sur lequel la jurisprudence a eu très fréquemment à statuer, celui du parterre d'une coupe de bois.

Il a été jugé qu'il y avait tradition et prise de possession, par suite obstacle au droit de rétention, quand l'acheteur d'une coupe de bois s'était installé sur le parterre de la vente et avait commencé le débit et la mise en œuvre des bois (1).

Mais lorsque c'est le vendeur qui s'est chargé de l'abatage, le parterre de la coupe ne peut être considéré comme le magasin de l'acheteur; il n'y a pas eu de délivrance (2).

Bien plus; comme le fait de considérer le parterre de la coupe comme le magasin de l'acheteur est fondé sur la présomption que le vendeur a tacitement consenti à abandonner à l'acheteur l'emplacement de la coupe, autrement dit sur l'interprétation de la volonté des parties, cette présomption peut être détruite par une manifestation de volonté contraire. Aussi faut-

(1) Rouen, 30 mai 1840, D. 41, 2, 197 ; Paris, 8 août 1845, S. 45, 2, 540 ; Amiens, 12 janvier 1849, S. 49, 2, 143 ; Cass. req., 16 janvier 1850, D. 51, Table, v° *Revendication*; Cass. req., 13 novembre 1877, D. 78, 1, 300.

(2) Caen, 3 janvier 1849, S. 49, 2, 640 ; Bordeaux, 22 février 1850, D. 52, 2, 252 ; Besançon, 16 et 17 janvier, 27 février 1865, S. 65, 2, 127 ; Bordeaux, 28 février 1870, S. 70, 2, 176 ; Orléans, 25 août 1880, S. 82, 2, 104 ; Paris, 9 novembre 1888, *J. des Faillites*, 89, p. 478.

il regarder comme valable la clause souvent insérée
dans le cahier des charges portant que le parterre de la
coupe ne sera pas considéré comme le magasin de
l'adjudicataire. Et si cette clause a reçu une publicité
suffisante, elle est opposable non seulement aux ayants
cause de l'acheteur, mais même à un sous-acquéreur
qui devrait respecter le droit de rétention du premier
vendeur (1).

Toutes ces décisions s'expliquent, non seulement par
les principes généraux du droit, mais aussi par les principes spéciaux à la matière. Ces garanties du vendeur
disparaissent quand les marchandises ont pu servir à
augmenter le crédit de l'acheteur ; elles sont maintenues quand l'acheteur n'ayant pas été mis en possession, ses créanciers n'ont pu fonder d'espérances légitimes sur l'accroissement de son patrimoine.

Supposons maintenant la question de fait résolue, et
le vendeur admis à exercer son droit de rétention. Tant
qu'il n'aura pas été payé, il gardera les marchandises.
Mais une telle situation ne peut se prolonger indéfiniment ; si les syndics refusent de payer, il faut arriver à
une solution. Le contrat ne peut être maintenu, puisqu'on refuse de l'exécuter. Le droit de rétention aboutit

---

(1) Amiens, 20 novembre 1847, S. 51, 2, 493 ; Paris, 2 déc. 1863, S. 63, 2,
244 ; Cass. civ., 25 janvier 1869, S. 69, 1, 154 ; Cass. req., 2 juin 1869, S.
69, 1, 416 ; Paris, 7 janvier 1878, D. 78, 2, 235 ; Cass. civ., 2 août 1880, S.
80, 1, 401 ; Dijon, 11 février 1881, S. 82, 2, 7 ; Douai, 31 octobre 1888, *J.
des Faillites*, 1889, p. 296. — *Contrà*, Bourges, 11 novembre 1863, S. 63, 2,
244 ; Orléans, 13 avril 1867, S. 67, 2, 237 ; Cass. belge, 2 novembre 1883,
J. des Faillites, 86, p. 443.

donc nécessairement au droit pour le vendeur d'exercer l'action résolutoire ; et l'article 576 la lui accorde en effet tant que les marchandises ne sont pas entrées dans les magasins de l'acheteur, ou que la possession n'en a pas été transmise à un tiers.

N'y aurait-il pas pourtant un cas où le vendeur rétenteur ne pourrait intenter l'action résolutoire ? Supposons que la faillite éclate alors qu'une partie seulement des marchandises a été expédiée et est entrée dans les magasins de l'acheteur. Cette partie des marchandises est définitivement perdue pour le vendeur (art. 576) ; mais quels sont ses droits à l'égard des marchandises restées en sa possession ?

Il est bien certain qu'elles peuvent être retenues par lui jusqu'à parfait payement de la portion du prix qu'elles représentent. Mais peut-il également exercer relativement à elles le droit de résolution ?

Il semble au premier abord qu'il ne le puisse pas. Le droit de résolution, en effet, à la différence du droit de rétention, ne peut, en principe, s'exercer pour partie ; il est indivisible. Il est impossible d'admettre que le contrat soit à la fois maintenu et anéanti, de le considérer en même temps comme existant et comme n'existant pas. Cette conclusion conduit à la conséquence, logique mais singulière, que le vendeur serait contraint de garder éternellement les marchandises qui lui restent s'il voulait user de son droit de rétention.

Heureusement la solution contraire résulte de la combinaison des articles 577 et 578. L'article 577 accorde au vendeur le droit de rétention, d'une manière générale, c'est-à-dire à l'égard d'une partie comme à l'égard de la totalité des marchandises. Dans l'une ou l'autre hypothèse, l'article 578 donne aux syndics le pouvoir d'opter entre l'exécution parfaite du contrat ou son inexécution. Si les syndics, mis en demeure de se prononcer, déclarent qu'ils n'exécuteront pas la vente, il s'ensuit nécessairement que cette vente sera résolue, quant aux marchandises restées en la possession du vendeur.

De plus, on est d'accord pour reconnaître que tout créancier rétenteur a le droit de vente (1) à l'échéance, s'il n'est pas payé. Or comment pourrait-il avoir ce droit, si le contrat n'était pas résolu ?

La conclusion est donc que le droit de résolution pourra être exercé dans la mesure où subsiste le droit de rétention.

______

(1) Mais il n'a aucun droit de préférence sur le prix de la vente, comme nous l'établirons plus loin (page 117 en note).

CHAPITRE V

Le droit modifié ou étude de l'action résolutoire.
Article 576.

L'article 576 est ainsi conçu :

« Pourront être revendiquées les marchandises expédiées au failli tant que la tradition n'en aura point été effectuée dans ses magasins ou dans ceux du commissionnaire chargé de les vendre pour le compte du failli.

Néanmoins la revendication ne sera pas recevable si avant leur arrivée les marchandises ont été vendues sans fraude, sur factures et connaissements ou lettres de voiture signées par l'expéditeur.

Le revendiquant sera tenu de rembourser à la masse les à comptes par lui reçus, ainsi que toutes avances faites pour fret ou voiture, commission, assurances ou autres frais, et de payer les sommes qui seraient dues pour mêmes causes. »

Iʳᵉ SECTION

DE LA NATURE JURIDIQUE DU DROIT CONFÉRÉ AU VENDEUR
PAR L'ARTICLE 576.

Quelle est cette action en revendication dont nous parle l'article 576 ?

Il est admis par tous qu'il ne s'agit pas de l'action qui appartient au propriétaire. Sans doute, en matière commerciale, les marchés ont presque toujours pour objet, non des corps certains, mais des choses *in genere*, et par conséquent la translation de propriété s'opère non au moment du contrat de vente, mais plus tard, seulement lorsque les marchandises ont été spécialisées. Néanmoins cette spécialisation est faite nécessairement au moment de l'expédition des marchandises, c'est-à-dire que le vendeur a cessé d'être propriétaire alors qu'il pourrait intenter la revendication proprement dite. Ce n'est donc pas en vertu d'un droit de propriété, mais en vertu d'un simple droit de créance, que l'article 576 lui permet de revendiquer.

Cette première conclusion va déjà nous permettre de résoudre une difficulté qui s'est posée en jurisprudence. On avait prétendu que lorsque le vendeur avait poursuivi la déclaration de faillite de l'acheteur, il ne pouvait plus intenter ensuite la revendication de l'article 576. Pour faire déclarer la faillite d'un commerçant, il faut justifier de la qualité de créancier ; d'un autre côté, disait-on, pour exercer l'action en revendication, il faut justifier de la qualité de propriétaire. Le vendeur peut invoquer l'un ou l'autre de ces titres, étant à la fois propriétaire de l'objet vendu et créancier du prix. Mais il ne peut se réclamer des deux simultanément, ils sont exclusifs l'un de l'autre. Or le vendeur, en faisant prononcer la faillite, s'est posé comme créancier ; il a donc renoncé à faire valoir ses droits comme propriétaire, c'est-à-dire qu'il ne peut plus revendiquer. L'argument tombe, si la revendication de l'article 576 n'est pas l'action du propriétaire. Le vendeur, en poursuivant la faillite et en revendiquant, agit toujours en qualité de créancier. Par conséquent aucun obstacle ne s'oppose à ce qu'il puisse revendiquer après avoir fait déclarer la faillite de l'acheteur (1).

Mais si l'action, dont nous parle l'article 576, n'est pas la revendication proprement dite, quel est donc celui des droits du vendeur qui se cache sous cette dénomination?

On a soutenu qu'il fallait y voir une action en reprise de la possession, c'est-à-dire une action ayant le même caractère juridique que la revendication accordée au vendeur par l'article 2102, 4° du Code civil. Telle est d'ailleurs la nature de l'action accordée au vendeur pendant le transport des marchandises par la législation anglaise et celle des États-Unis.

Pour défendre ce système, on rapproche ingénieusement l'article 576 des articles 550 et 557. La revendication de l'article 550 n'est autre que la reprise de la possession ; ne serait-il pas étrange que le même terme dût être pris ici dans une signification différente ? C'est d'autant plus improbable que l'article 577, c'est-à-dire l'article qui suit immédiatement celui dont nous nous

____

(1) Cass. req., 18 février 1874, S. 74, 1, 369.

occupons, ne règle également qu'une question de possession.

Cette opinion n'a pas triomphé : la doctrine et la jurisprudence (1) sont aujourd'hui à peu près d'accord à reconnaître que le droit réglementé par l'article 576 est l'action résolutoire.

Nous avons vu en effet, en étudiant les travaux préparatoires, que tel était bien le caractère de la revendication d'après les auteurs mêmes de la loi de 1838. Les paroles de Tripier et de Renouard ne peuvent nous laisser aucun doute à cet égard.

Au reste, l'article 576 suffirait à lui seul à le prouver. Il impose au vendeur revendiquant l'obligation de rembourser les à comptes qu'il a reçus. Cette exigence ne peut s'expliquer que si la vente est résolue. S'il s'agissait uniquement pour le vendeur d'arriver par la revendication à l'exercice du droit de rétention, cette restitution ne se comprendrait pas ; la rétention pouvant s'exercer aussi bien pour une partie que pour la totalité de la dette.

Mais alors pourquoi cette expression impropre d'action en revendication ? — Nous avons vu dans quelle confusion malheureuse étaient tombés les rédacteurs du Code de 1807, le défaut de précision de la terminologie qu'ils avaient employée, la signification très vague pour eux du mot revendication. Le législateur de 1838 ne sut pas éviter cette faute regrettable. Pour lui, comme pour

(1) Cass. civ., 26 avril 1884, S. 86, 1, 105.

les auteurs du Code de commerce, la revendication est toute action qui permet à une personne de reprendre une chose sur laquelle elle prétend avoir un droit, quel que soit le titre en vertu duquel elle agit, que ce soit comme propriétaire, comme créancier cherchant à re-. couvrer la possession perdue, ou comme créancier demandant la résolution du contrat. En un mot, le législateur ne s'inquiète pas de la nature juridique du droit générateur de l'action, il se préoccupe uniquement du résultat matériel et visible auquel elle aboutit.

IIe SECTION

DANS QUELS CAS LE VENDEUR PEUT-IL EXERCER L'ACTION RÉSOLUTOIRE ?

Ainsi, tandis que la loi de 1838 suspend complètement l'exercice du privilège, elle maintient en principe l'action résolutoire. Mais il est aisé de comprendre qu'elle ne pouvait la consacrer purement et simplement; autant eût valu laisser subsister les droits supprimés par l'article 550. Les auteurs de la réforme devaient donc nécessairement enfermer l'exercice du droit de résolution dans des limites rigoureusement restreintes, et ils l'ont fait en s'inspirant du but qu'ils poursuivaient.

Ce but était de protéger les créanciers du failli contre les surprises d'une action du vendeur leur enlevant une partie de leur gage commun. Ainsi les règles qu'ils ont consacrées dans l'article 576 se ramènent toutes, sous leur diversité apparente, à cette règle unique : L'action résolutoire ne pourra être intentée toutes les fois que les marchandises auront pu être pour l'acheteur un moyen de crédit.

Sans doute ils eussent pu formuler ce principe dans ses termes généraux et laisser à la jurisprudence le soin d'en faire l'application aux circonstances de fait qui pourraient se présenter dans la pratique. Ils n'ont pas voulu lui accorder cette liberté. Peut-être ont-ils redouté que leur pensée ne parût pas ainsi assez précise et assez nette, qu'elle donnât naissance à des contestations sans fin. Toujours est-il qu'ils ont préféré indiquer eux-mêmes les signes certains auxquels on pourrait reconnaître l'impossibilité d'intenter l'action résolutoire. Nous allons les examiner successivement dans deux hypothèses différentes : celle où l'acheteur ou un tiers en son nom est en possession des marchandises, et celle où cette possession a déjà été transmise à une autre personne.

I

L'ACHETEUR POSSÈDE LES MARCHANDISES SOIT PAR LUI-MÊME, SOIT
PAR L'INTERMÉDIAIRE D'UNE AUTRE PERSONNE.

Cette hypothèse est prévue par le premier paragraphe de l'article 576 ainsi conçu :

« Pourront être revendiquées les marchandises expédiées au failli tant que la tradition n'en aura point été effectuée dans ses magasins ou dans ceux du commissionnaire chargé de les vendre pour le compte du failli. »

La préoccupation des rédacteurs de la loi s'accuse ici dans chacun des termes qu'ils emploient. Il ne suffit pas que la tradition ait été effectuée, mais il faut qu'elle ait été effectuée dans les magasins du failli, et si cette tradition a été faite dans les magasins d'un commissionnaire, il faut que ce soit un commissionnaire chargé de vendre les marchandises. La pensée du législateur apparaît ainsi en pleine lumière. Pour paralyser l'exercice du droit de résolution, la possession ordinaire est insuffisante, elle doit être telle qu'elle ait pu contribuer à augmenter le crédit de l'acheteur. Telle est la signification très large de cette expression de l'article 576 : tant que la tradition n'a pas été effectuée dans les magasins de l'acheteur (1).

Par conséquent non seulement le vendeur pourra faire résoudre le contrat tant qu'il n'aura pas livré les marchandises, c'est-à-dire tant qu'il pourra exercer sur elles le droit de rétention, mais aussi quand bien même il les aurait livrées et ne pourrait plus les retenir, aussi longtemps que la possession de l'acheteur n'aura pas acquis ce caractère de publicité indispensable.

Quant au point de savoir à quel moment précis les marchandises seront devenues un élément de crédit pour le failli, c'est là, on le comprend facilement, une pure question de fait abandonnée à la libre appréciation

____

(1) Cass. req , 20 juin 1859, S. 59, 1, 737 ; Montpellier, 7 février 1874, S. 74. 2, 135 ; Cass. req., 29 novembre 1875, S. 78, 1, 104.

des tribunaux (1). Il était impossible au législateur de préciser davantage et de prévoir l'infinie variété des cas qui pouvaient se présenter.

Néanmoins les décisions de la jurisprudence sur la matière sont si nombreuses, qu'il est permis d'en tirer quelques règles générales et de déterminer, souvent avec exactitude, si l'action en revendication peut encore être valablement intentée.

Ainsi l'acheteur a pris possession des marchandises chez le vendeur ; des vins, par exemple, ont été entonnés dans ses futailles par un de ses préposés qui en a fait effectuer le transport à la gare. Ces circonstances ne peuvent suppléer à la tradition des marchandises dans les magasins du failli (2).

Ainsi encore, quand les marchandises ont été, après le voyage, déposées à leur arrivée dans les magasins du voiturier, par exemple une gare de chemin de fer, ces magasins ne peuvent être considérés comme ceux de l'acheteur (3).

Dans certains cas pourtant, les magasins du chemin de fer à l'arrivée pourront être assimilés à ceux de l'acheteur. Ainsi le fait par le destinataire de payer les frais de transport et de magasinage des marchandises et d'en retirer une partie, constitue de sa part une prise

(1) Cass. civ., 21 avril 1884, S. 86, 1, 105.
(2) Cass. req., 29 novembre 1875, S. 78, 1, 104.
(3) Orléans, 24 mai 1859, S. 60, 2, 87 ; Cass. req., 16 avril 1866, S. 66, 1, 229 ; Aix, 4 mai 1869, S. 70, 2, 71 ; Limoges, 24 mars 1870, S. 70, 2, 262 ; Poitiers, 19 février 1877, S. 77, 2, 210 ; Trib. comm. Seine, 22 mars 1879, *J. des faillites*, 79, p. 255.

de possession suffisante, puisque, à partir de ce moment, il a fait siens en quelque sorte les magasins de la Compagnie (1).

Pour le transport par eau, on est conduit à des décisions analogues. Le bateau, même appartenant à l'acheteur, ne peut être considéré comme son magasin, s'il a pour unique objet de transporter les marchandises au lieu de leur destination (2). Il en serait différemment si les marchandises devaient être débitées sur le bateau, comme les charbons de bois et les pommes à Paris. La revendication n'est plus alors possible, dès l'arrivée des bateaux à destination (3).

Toujours suivant ces principes, lorsque les marchandises ont été placées sur le quai de déchargement, la résolution peut ou non être demandée, selon qu'elles ont été déposées momentanément ou qu'elles doivent être vendues sur place (4). Et la même distinction doit être admise pour les entrepôts (5).

Jusqu'ici nous avons toujours raisonné dans le cas où les marchandises, en cours de voyage, sont expédiées par le vendeur à l'acheteur. Or il se peut que les mar-

(1) Marseille, 4 avril 1865, *J. de Marseille*, 65, 1, 121.

(2) Rennes, 23 mars 1858, S. 58, 2, 632 ; Cass. civ., 17 août 1871, S. 71, 1, 134.

(3) Cass. req., 20 juin 1859, S. 59, 1, 737 ; Cass. req., 16 avril 1866, S. 66, 1, 249.

(4) Limoges, 22 avril 1839, D. 39, 2, 224 ; Paris, 20 novembre 1878, *J. des Faillites*, 79, p. 31 ; Rennes, 7 janvier 1879, S. 80, 2, 235.

(5) Paris, 24 mai 1855, S. 56, 2, 111 ; Orléans, 24 mai 1859, S. 60, 2, 87 ; Rennes, 20 février 1863, S. 63, 2, 226 ; Paris, 16 mars 1880, *J. des faillites*, 1880, p. 605 ; Paris, 27 février 1883, *J. des faillites*, 1883, p. 569.

chandises, à leur arrivée à destination, ne soient pas entrées dans les magasins de l'acheteur ou n'y aient séjourné que peu de temps. Elles ont été immédiatement réexpédiées vers une autre direction et c'est pendant ce nouveau voyage que la faillite éclate. Le vendeur pourra-t-il exercer l'action résolutoire ?

Il ne le pourra pas. Non seulement l'acheteur a pris possession des marchandises, mais il en a disposé ; il les a fait entrer dans le mouvement de ses affaires ; elles ont été, de sa part, l'objet d'opérations commerciales. Étant devenues un élément de son crédit, l'action résolutoire n'est plus possible. Ainsi, pour qu'on puisse l'intenter, il ne suffit pas, comme le dit excellemment M. Labbé (1), que les marchandises soient en cours de voyage, il faut qu'elles soient en cours de ce premier voyage qui fait passer les marchandises du vendeur à l'acheteur.

L'article 576, dans son premier paragraphe, interdit encore le droit de résolution quand les marchandises sont entrées dans les magasins d'un commissionnaire chargé de vendre.

Pourquoi faut-il que ce soit un commissionnaire chargé de vendre ? Tout commissionnaire quel qu'il soit, chargé ou non par son commettant de vendre les marchandises qu'il reçoit pour son compte, ne possède-t-il pas toujours en son nom ? Assurément ; mais nous avons vu qu'une possession même complète ne suffit pas, il

(1) Labbé, Note sous Cassation, S. 76, 1, 49.

faut que cette possession soit de telle nature que les marchandises engagées dans le courant des affaires commerciales de l'acheteur n'aient pu servir à relever son crédit chancelant.

Et l'on s'explique dès lors cette distinction. On comprend très bien qu'un commissionnaire chargé simplement de réexpédier les marchandises au lieu de leur destination définitive ne puisse être assimilé à l'acheteur lui-même. Le dépôt momentané des marchandises dans ses magasins ne peut avoir plus d'effet que leur dépôt dans les magasins d'un voiturier. D'ailleurs il arrive souvent qu'une même personne soit à la fois commissionnaire et voiturier. Ainsi lorsque des marchandises doivent être successivement transportées par plusieurs compagnies de chemin de fer, la première compagnie joue à l'égard de la seconde le rôle de commissionnaire et ainsi de suite. Il serait étrange que les marchandises ne pussent être arrêtées quand elles sont transportées par la première compagnie et qu'elles pussent l'être ensuite quand elles voyagent sur les lignes de la dernière compagnie. Cette distinction est donc parfaitement rationnelle.

Aussi, en remontant au principe général qui a inspiré les dispositions de l'article 576, il est aisé d'en conclure que les termes de cet article ne sont pas limitatifs, et qu'il faut assimiler au commissionnaire chargé de vendre toute personne, tout mandataire du failli, investi par lui de pouvoirs suffisants pour disposer des marchandises, par exemple pour les manipuler, ou les transformer industriellement (1). Mais dans tous les cas il est évident qu'il faudrait justifier de ces pouvoirs étendus. La nécessité de cette preuve fait disparaître les dangers d'une collusion frauduleuse entre un tiers complaisant et le failli pour priver le vendeur du droit de résolution et grossir ainsi à ses dépens l'actif de la faillite.

APPENDICE

Malgré la disparition de l'ancien article 580, beaucoup d'auteurs s'obstinent à discuter la question de savoir dans quels cas et dans quelle mesure subsiste l'identité des marchandises, en se fondant sur des distinctions et des présomptions tout aussi arbitraires et artificielles que celles qu'ils reprochaient au Code de commerce. C'est ainsi qu'ils distinguent suivant que la marchandise a perdu son identité par le fait de l'homme, ou par l'effet de lois physiques et de circonstances fortuites. Dans le premier cas, la résolution serait impossible, mais elle pourrait être demandée dans le second cas.

Ni l'une ni l'autre de ces propositions ne saurait être acceptée.

Si l'action résolutoire ne peut être intentée quand les marchandises ont été altérées ou transformées par le

---

(1) Trib. comm. Seine, 8 mars 1873, *J. des faillites*, 73, p. 353 ; Paris, 19 décembre 1873, *J. des faillites*, 74, p. 238 ; Cass. req., 29 juillet 1875, S. 76, 1, 49 ; Rouen, 22 décembre 1883, *J. de Marseille*, 84, 2, 85.

fait de l'homme — et encore faut-il préciser davantage
et dire : par le fait de l'acheteur ou d'une personne agissant en son nom — c'est uniquement parce que cette
altération ou transformation industrielle implique nécessairement une prise de possession effective et apparente réunissant toutes les conditions requises par l'article 576 pour paralyser l'exercice de l'action résolutoire.
Il est inutile de compliquer une question très simple en
elle-même.

Quant à la seconde proposition, non seulement elle
n'a pas de base juridique, mais elle est encore matériellement inexacte, car il est bien certain que du moment où les marchandises ont été transformées au point
d'être devenues méconnaissables, du moment où le
vendeur ne peut plus les désigner, elles ne sauraient
plus être revendiquées, quelle que soit la cause de la
perte de leur identité.

La vérité est qu'en cette matière il faut renoncer à
toute idée de distinction et de classification théorique.
La constatation de l'identité est une pure question de
fait, et, comme telle, elle doit être abandonnée à la libre
appréciation des tribunaux qui décident suivant les
espèces qui leur sont soumises.

C'est ainsi qu'il a été jugé que des marchandises telles
que des liquides aigris ou en vidange, des denrées fer-
mentées ou avariées n'avaient pas perdu leur identité (1).

Que des bois ébranchés et équarris ne cessaient pas

(1) Rouen, 18 mars 1889, S. 89, 2, 822.

d'être identiquement les mêmes ; mais qu'il en était autrement quand ils avaient été convertis en charbons (1).

Que la revendication de l'article 576 était permise quand des marchandises de même nature avaient été mélangées, mais qu'elle n'était plus recevable si les marchandises étaient de nature différente, alors même que les propriétaires de ces marchandises s'uniraient pour exercer l'action résolutoire (2).

Ces quelques exemples pourront suffire à résoudre un grand nombre de questions analogues; mais il est impossible de poser un critérium général d'une absolue précision, en raison de l'impuissance où les jurisconsultes et les philosophes se sont toujours trouvés quand il s'est agi de définir d'une manière satisfaisante l'identité de la substance.

II

LA POSSESSION A ÉTÉ TRANSMISE.

L'hypothèse que nous venons d'examiner est la plus simple ; elle ne met en présence que deux personnes : le vendeur et l'acheteur ou son mandataire ; et dans cette hypothèse, l'article 576 refuse au vendeur l'action résolutoire quand les marchandises sont entrées dans les magasins du failli ou dans ceux d'un commission-

----

(1) Limoges, 6 mai 1843, S. 43, 2, 326 ; Cass., 9 juin 1845, S. 45, 1, 658 ; Paris, 28 janvier 1852, S. 52, 2, 600.

(2) Rennes, 26 mars 1858, S. 58, 2, 632.

naire chargé de vendre. Mais il peut arriver que, même avant l'entrée dans ces magasins, un obstacle vienne s'opposer à l'exercice du droit de résolution; le vendeur se trouve en face de personnes prétendant avoir sur les marchandises un droit supérieur au sien. Dans ce conflit qui s'élève, quelle sera la situation respective des parties?

Cette seconde hypothèse est prévue en ces termes par le deuxième paragraphe de l'article 576 :

« Néanmoins la revendication ne sera pas recevable si, avant leur arrivée, les marchandises ont été vendues sans fraude, sur factures et connaissements ou lettres de voiture signées par l'expéditeur. »

A. — *Le tiers possesseur est un sous-acquéreur.*

Nous avons déjà eu l'occasion d'expliquer les motifs des conditions multiples exigées pour la validité d'une revente. On a voulu prévenir toute connivence frauduleuse entre le failli et un tiers pour mettre les marchandises à l'abri de l'action résolutoire. On a pris toutes les précautions pour que le vendeur fût protégé pendant leur expédition et qu'il n'eût à s'en prendre qu'à lui-même s'il était privé de son droit.

Aussi la première condition imposée pour la validité de la revente est qu'elle soit faite sans fraude. Ainsi, quand bien même les autres prescriptions de l'article 576 auraient été observées, le vendeur sera néanmoins admis à prouver que la revente n'est pas sérieuse, qu'elle est une opération purement fictive dont le seul but est de soustraire les marchandises à son action, et que par conséquent elle ne lui est pas opposable (1).

Mais, en dehors de cette condition générale, il faut pour arrêter l'action du vendeur que la revente ait eu lieu sur factures et connaissements ou lettres de voiture signées par l'expéditeur.

Cette disposition de l'article 576 a soulevé quelques difficultés d'interprétation.

Est-il d'abord absolument nécessaire que la revente ait eu lieu à la fois sur facture et sur connaissement ou lettre de voiture, ou ne suffit-il pas de l'une de ces deux pièces ?

On a soutenu que leur réunion n'était pas indispensable. L'article 576 ne serait pas impératif dans ses termes, mais simplement énonciatif. En effet, dit-on, d'après les articles 136, 281 et suivants du Code de commerce, la transmission du connaissement par endossement suffit au transfert de la propriété ; la transmission de la facture est donc inutile. D'ailleurs exiger la facture qui ne peut être à ordre, n'est-ce pas annuler tous les avantages de l'endossement en nécessitant un acte de cession ou de vente (2)?

Nous ne pouvons adopter cette opinion, quelque ra-

---

(1) Rouen, 19 janvier 1844 ; Cass. req., 5 novembre 1845 ; Trib. comm. Seine, 26 mars 1868, *J. des faillites*, 68, p. 446 ; Trib. comm. Marseille, 3 mai 1880, *J. de Marseille*, 80, 1, 195.

(2) Paris, 1er décembre 1860, S. 61, 2, 117.

tionnelle qu'elle paraisse. Le texte résiste à cette interprétation ; il exige absolument que la revente ait eu lieu à la fois sur facture et sur connaissement. Il est vrai qu'on détruit ainsi une partie des effets de l'endossement et le principe de la translation de la propriété par l'endos subit un échec regrettable.

Aussi a-t-on tenté une autre explication de l'article 576, pour concilier avec les termes du texte le système que nous combattons. L'article 576 se référerait au cas où le failli aurait montré au sous-acquéreur les deux titres ; leur réunion serait alors indispensable pour la validité de la revente. Que si, au contraire, on avait eu recours aux procédés réguliers de transmission du connaissement, on se trouverait en dehors des prévisions de l'article, et, revenant aux principes généraux sur les effets de l'endossement, il faudrait dire que l'endos seul rendrait l'opération inattaquable même à l'encontre du vendeur.

Cette opinion aurait ainsi le précieux avantage d'accorder le texte de la loi avec les principes généraux du droit et les intérêts du commerce. Avec les principes du droit — puisque lorsqu'il y a eu transmission régulière du titre, on se trouve en présence d'un tiers possesseur de bonne foi contre lequel l'action résolutoire doit échouer. Avec les intérêts du commerce — parce que le système opposé rendrait impossibles les reventes partielles par cela même qu'on ne peut fractionner un connaissement ou une lettre de voiture. Enfin le failli n'a-t-il pas besoin de conserver la facture pour régler son compte avec le vendeur ?

Cette interprétation est aussi ingénieuse que pratique. Nous persistons cependant à croire que telle n'a pas été la pensée du législateur de 1838. Il ne faut pas oublier qu'en rédigeant l'article 576, il ne s'est pas inquiété de faciliter ou d'entraver les transactions commerciales ; sa préoccupation exclusive a été de garantir le vendeur contre l'éventualité d'un concert frauduleux. Or, avec l'opinion adverse, la protection du vendeur serait presque toujours illusoire et inefficace, puisque, dans les usages du commerce, c'est par voie d'endossement que le vendeur transmet à l'acheteur la propriété des marchandises. Comment supposer que l'article 576 ait eu en vue un mode de transmission presque inusité dans la pratique, et non pas les procédés habituels réglementés par le Code de commerce ? Quant à prétendre que l'on viole ainsi les droits légitimes du possesseur de bonne foi, l'argument n'est pas très sérieux. La bonne foi ici n'existe pas ; elle a été subordonnée par le législateur à l'observation des prescriptions édictées par l'article 576 (1).

Une controverse analogue s'est élevée sur la question de savoir si l'article 576 exigeait impérativement la signature sur la facture et le connaissement ou si cette

____

(1) Cass. req., 13 janvier 1862, S. 62, 1, 207 ; Marseille, 14 juin 1882, *J. de Marseille*, 82, 1, 201.

signature pouvait être remplacée utilement par une lettre signée.

Des auteurs et des cours d'appel ont conclu, en pareil cas, à la validité de la revente. La loi, disent-ils, n'est pas formaliste. Elle crée simplement une présomption que le vendeur a voulu conserver l'exercice de l'action résolutoire. Mais cette présomption peut être détruite. Quand le vendeur envoie les titres à l'acheteur accompagnés d'une lettre signée de lui et ne contenant aucune réserve, ce serait aller plus loin que la loi que de sacrifier l'acheteur de bonne foi à l'expéditeur, alors que tout démontre que celui-ci a entendu suivre la foi du destinataire. Tout au moins l'on ne saurait refuser aux juges un pouvoir souverain d'appréciation (1).

Nous estimons, au contraire, que la résolution du contrat de vente pourra être demandée chaque fois que les deux titres ne sont pas signés de l'expéditeur. La loi en fait la condition de la validité de la revente ; tant que la signature n'est pas apposée sur ces pièces, le vendeur a le droit de compter sur l'efficacité de son action résolutoire. On a fait remarquer avec beaucoup de raison qu'une lettre d'envoi est toujours signée, et qu'on attribue à cette signature des effets que le vendeur n'aura certainement jamais voulu lui donner. Aucune présomption de renonciation de la part du vendeur à son droit de résolution ne peut s'induire de la signature de la

____

(1) Rouen, 14 janvier 1848, S. 48, 2, 460 ; Paris, 7 juillet 1855, J. *des faillites,* 55, p. 322 ; Douai, 12 décembre 1874, S. 75, 2, 25.

lettre d'envoi. C'est du formalisme, si l'on veut ; mais il a
cet avantage de couper court à tous les procès qui pourraient s'élever sur le point de savoir quelles étaient les
intentions du vendeur, et de trancher les contestations
par une vérification toute matérielle d'une extrême sim-
plicité (1).

Toutefois il convient de ne pas exagérer jusqu'à l'absurde le respect scrupuleux pour la lettre du texte lorsqu'on ne viole aucune de ses prescriptions. — Aussi est-
on d'accord à reconnaître que la lettre de voiture ou le
connaissement peut être remplacé par un titre équivalent, par exemple le récépissé des compagnies de chemin de fer ; et l'exactitude de cette solution ne saurait
faire l'objet d'aucun doute.

Ces récépissés tiennent lieu en effet de lettres de voiture dans les usages du commerce. Toutes les énonciations qu'ils doivent contenir sont les mêmes que celles
des lettres de voiture. Enfin cette assimilation a été
indiquée dans les travaux préparatoires de la loi de
finances du 13 mai 1863. Ce droit de timbre seul diffé-
rait encore pour les deux pièces. La loi du 30 mars 1872
a effacé cette dernière distinction pour les récépissés
des marchandises transportées par petite vitesse ; si
bien qu'il est juste de dire qu'aujourd'hui le récépissé
et la lettre de voiture sont un seul et même titre sous
des noms divers.

Mais, bien entendu, de simples bordereaux d'expé-

(1) Amiens, 14 juillet 1848, S. 48, 2, 686 ; Caen, 14 août 1860, S. 61, 2, 115.

dition, des bulletins de chargement ou toute autre pièce qui ne renfermerait pas toutes les énonciations essentielles d'une lettre de voiture ou d'un connaissement, ne sauraient être considérés comme suffisants (1).

Ces réserves faites, il faut maintenir rigoureusement la règle que l'action résolutoire peut être intentée tant que la revente n'a pas eu lieu sur facture et connaissement ou lettre de voiture signée par l'expéditeur. On a enseigné pourtant qu'il était un cas où la revente serait opposable au premier vendeur, bien qu'elle ait été conclue sans l'accomplissement de ces formalités. Ce serait lorsque la revente a eu lieu avant l'expédition et que le vendeur originaire a adressé directement les marchandises pour le compte du failli au sous-acquéreur. En se constituant le mandataire du failli, le vendeur semble avoir approuvé la revente, et toute idée de fraude devant être écartée, il serait mal fondé ensuite à la critiquer.

Nous ne saurions adhérer à cette opinion pour les mêmes motifs qui nous ont conduit à refuser de considérer la signature de la lettre d'envoi comme équivalant à la signature de la facture ou du connaissement. Dans l'un comme dans l'autre cas, le vendeur, en n'observant pas les formalités prescrites par l'article 576, peut avoir eu pour but de se réserver l'exercice de l'action résolutoire.

_____

(1) Cass., 12 février 1850, S. 50, 1, 246 ; Cass., 13 novembre 1850, S. 50, 1, 769.

B, — *Le tiers possesseur est un créancier gagiste.*

Le conflit du vendeur avec un sous-acquéreur de marchandises est l'hypothèse la plus fréquente. Mais il se peut aussi que le vendeur ait pour adversaire un créancier gagiste. Que devient en pareil cas l'action résolutoire?

D'après l'article 92 du Code de commerce modifié par la loi de 1863, il existe deux manières de donner des marchandises en nantissement. Le créancier peut d'abord être mis en possession réelle des marchandises; il peut ensuite en être saisi avant son arrivée par un connaissement ou une lettre de voiture (1). Il y a donc deux hypothèses bien distinctes que nous allons examiner successivement.

1° Le gage a été constitué par le dépôt des marchandises dans les magasins du créancier gagiste.

Alors il ne peut jamais y avoir lieu à résolution du contrat. Il y a eu prise de possession à la fois apparente et réelle par le créancier gagiste, les marchandises ont été la cause du crédit qu'il a accordé au failli. Il doit donc y avoir assimilation complète des magasins du gagiste avec ceux du failli.

D'où il suit que l'action résolutoire ne pourra être exercée même au cas d'annulation du contrat de nantis-

---

(1) Nous ne parlons pas du gage constitué par warrants sur des marchandises déposées dans les magasins généraux. Ces magasins étant en réalité les magasins du failli lui-même, la résolution est impossible même avant toute constitution de gage.

sement, car les marchandises n'en auront pas moins été un élément de crédit ; c'est un fait contre lequel l'annulation est impuissante à réagir. Elle profitera donc à la masse de la faillite et non au vendeur (1).

La résolution ne pourra pas non plus être prononcée pour l'excédent de la valeur du gage sur la créance garantie, non seulement parce que la prise de possession par le créancier gagiste a été totale, mais aussi parce que la résolution ne peut avoir lieu pour partie (2).

2° Le gage a été constitué sur connaissement ou sur lettre de voiture conformément à l'article 92, mais non à la fois sur facture et sur connaissement signés par l'expéditeur conformément à l'article 576.

L'action résolutoire peut-elle alors être intentée ?

La jurisprudence ne l'admet pas (3), en s'appuyant sur la maxime : *Specialia generalibus derogant*. L'article 92 déroge à l'article 576 ; il édicte une règle spéciale au nantissement ; c'est donc cet article qu'il convient uniquement d'observer. D'ailleurs l'article 576 ne statue qu'en vue de la revente des marchandises et il ne se réfère nullement à l'hypothèse d'une constitution de gage. Or la disposition de cet article est une disposi-

___

(1) Cass. req., 27 avril 1853, S. 53, 1, 353 ; Trib. Marseille, 11 juillet 1877, *J. de Marseille*, 77, 1, 286 ; Dijon, 20 mars 1882, *J. des faillites*, 82, p. 544.

(2) Trib. comm. Hâvre, 29 avril 1889, *J. des faillites*, 89, p. 450.

(3) Douai, 12 décembre 1874, S. 75, 2, 25 ; Cass. req., 29 juillet 1875, S. 76, 1, 40 ; Trib. Marseille, 2 mai 1881, *J. de Marseille*, 81, 1, 185 ; — 6 décembre 1887, *J. de Marseille*, 88, 1, 173 ; Trib. Hâvre, 29 avril 1889, *J. des faillites*, 89, p. 450.

tion exceptionnelle ; il faut donc l'interpréter strictement. Enfin cette opinion est une conséquence toute naturelle et logique de la doctrine qui considère comme
inattaquable la revente des marchandises en cas de
transmission régulière du connaissement ou de la lettre
de voiture.

Nous ne croyons pas devoir nous rallier à cette opinion. On sait en effet pour quels motifs le législateur a
exigé pour la validité de la revente des marchandises
ce luxe de précautions et de formalités ; il a voulu mettre
le vendeur à l'abri des surprises d'une collusion frauduleuse. Or ces motifs valent aussi puissamment en cas
de constitution de gage qu'en cas de revente. Est-ce qu'il
n'est pas évident que les règles édictées pour le cas de
revente doivent être observées en cas de nantissement,
si l'on ne veut pas qu'elles perdent leur efficacité ? En
quoi le vendeur serait-il protégé en évitant d'apposer sa
signature au bas des pièces, si le failli peut le priver de
tout recours en engageant les marchandises ? La fraude
ne serait guère gênée par un obstacle aussi facile à tourner. Il faut donc de toute nécessité que l'article 576 ait
une portée plus étendue que celle qu'on lui prête. Le
cas de revente est un exemple choisi à dessein par le
législateur, parce qu'il est le plus fréquent. *Statuit de
eo quod plerumque fit.* — Le texte n'est pas limitatif dans
ses termes ; il renferme une règle applicable à tous les
contrats passés par l'acheteur. — Par là on voit combien
est inexact l'argument qui consiste à invoquer l'adage :

Specialia generalibus derogant. Le texte général n'est pas ici l'article 576, mais bien au contraire l'article 92 qui édicte une règle uniforme pour toutes les constitutions de gage ; l'article 576 renferme la règle exceptionnelle applicable à l'hypothèse spéciale que nous examinons. Le système adverse est sans doute la conséquence rationnelle de la doctrine qui regarde la revente comme valable en cas d'endossement régulier du connaissement. Mais comme nous n'avons pas admis cette théorie, l'objection ne saurait nous toucher.

Nous décidons donc que la constitution de gage, pour être opposable au premier vendeur, devra réunir non pas les conditions ordinaires consacrées par l'article 92, mais celles exigées par l'article 576.

Si toutes ces conditions ont été remplies, le vendeur échouera dans son action résolutoire. Mais ne pourrait-il en recouvrer l'exercice en désintéressant le créancier gagiste ? La jurisprudence l'admet (1), mais, cette fois encore, sa doctrine nous semble fort contestable. Du moment où les marchandises ont été pour l'acheteur une cause de crédit, le droit de résolution est perdu absolument, non seulement vis-à-vis du créancier gagiste, mais aussi vis-à-vis de la masse des créanciers de la faillite.

Les solutions que nous venons de donner lorsque le vendeur se trouve en présence d'un créancier gagiste,

____

(1) Cass., 1er décembre 1840, S. 41, 1, 161.

sont les mêmes s'il est en conflit avec un commissionnaire privilégié.

En effet, aux termes de l'article 95, le commissionnaire chargé de vendre a un privilège sur les marchandises, et, d'après l'article 92, il peut le faire valoir soit quand les marchandises sont entrées dans ses magasins, soit par la remise du connaissement ou de la lettre de voiture. La situation d'un commissionnaire privilégié est donc exactement celle d'un créancier gagiste.

Rappelons enfin qu'aux termes de l'article 23, titre 13 de la loi du 22 août 1791, le privilège de la douane est primé par le droit de résolution du vendeur — pour marchandises en nature qui sont encore sous balle et sous corde (1). Le vendeur serait au contraire tenu de respecter le privilège du Trésor en cas de fraude à des dispositions fiscales (art. 5, titre 12 de la loi du 22 août 1791).

Dans la première partie de cette étude sur l'action résolutoire, nous avons examiné successivement tous les obstacles qui pouvaient s'opposer à son exercice. Supposons maintenant que le vendeur n'ait rencontré aucun d'eux ; il a gardé les marchandises dans ses magasins ou bien elles sont encore en cours de voyage et elles n'ont pas encore fait l'objet d'une opération commerciale telle qu'elle puisse paralyser son action. Même dans ces conditions favorables, le vendeur ne pourra pas toujours faire résoudre le contrat.

(1 Cass., 12 février 1845, D. 45, 1, 162.

Voici en effet ce que décide l'article 578 :

« Dans le cas prévu par les deux articles précédents, et sous l'autorisation du juge-commissaire, les syndics auront la faculté d'exiger la livraison des marchandises en payant au vendeur le prix convenu entre lui et le failli. »

Le législateur avait laissé au vendeur le droit d'exercer l'action résolutoire pour lui éviter une perte trop considérable dans le cas où le prix de la vente ne pourrait lui être payé. Aussi l'acheteur ou ses représentants doivent-ils avoir toujours le droit de faire exécuter la vente en payant le prix. C'est ce droit que l'article 578 reconnaît aux syndics. Si l'exécution de la vente leur paraît avantageuse, ils l'exigeront et le vendeur serait mal fondé à se plaindre, puisqu'il ne subit aucun préjudice. Ce n'est là d'ailleurs que l'application du droit commun, les contrats n'étant pas résolus par le seul fait de la faillite.

Mais les syndics, pour exiger l'exécution du marché, ou pour consentir à la résolution, doivent, d'après les articles 578 et 579, demander l'autorisation du juge-commissaire. On comprend que la loi leur impose cette tutelle judiciaire, car il s'agit d'une décision très grave qui engage la masse des créanciers de la faillite.

A quel moment peuvent-ils exercer leur option ?

Ils le peuvent évidemment dès l'instant de leur nomination et ils conservent ce droit jusqu'à ce que le vendeur les ait mis en demeure de prendre parti. Mais c'est la limite extrême des délais qui leur sont accordés ; car le vendeur ne peut être laissé indéfiniment à leur merci.

En admettant que les syndics aient encore le droit d'opter et qu'ils se décident pour l'exécution du contrat, quelle somme doivent-ils payer?

Il faut distinguer.

La vente a-t-elle été faite au comptant, ils doivent payer le prix intégralement et immédiatement.

A-t-elle été faite à terme, la masse des créanciers qui s'est substituée au failli a droit au bénéfice du terme à la charge de fournir caution ; si elle préfère payer sans attendre l'expiration du terme, elle peut, suivant l'usage du commerce, déduire l'escompte du prix convenu.

Mais les syndics ne veulent pas exécuter le marché. Le vendeur peut-il alors, au lieu de demander la résolution du contrat, réclamer son inscription à la masse comme créancier chirographaire?

La question semble étrange, le vendeur ayant presque toujours intérêt à faire prononcer la résolution plutôt qu'à concourir au marc le franc. Mais parfois les marchandises auront subi une dépréciation tellement considérable que le prix de leur revente serait inférieur au dividende de la faillite. Le vendeur a-t-il le droit de se présenter comme simple créancier chirographaire?

Il semble au premier abord qu'il ne le puisse pas. Les syndics, dit l'article 578, auront la faculté d'exiger la livraison des marchandises. Si c'est pour eux une faculté, on ne peut les y contraindre. Mais il en résulterait cette conséquence bizarre que le droit de résolution, accordé au vendeur comme une faveur, le placerait dans une situation inférieure à celle des autres créanciers chirographaires.

La vérité est que l'article 578 ne conduit pas à cette solution choquante. Il donne le choix aux syndics entre deux partis : renoncer à l'exécution du contrat ou le maintenir en offrant le prix intégral. — En offrant le prix intégral, c'est-à-dire que les syndics ne peuvent se refuser à exécuter le marché que si la condition de l'exécution est le désintéressement absolu du vendeur (1). Mais du moment où cette condition n'est pas imposée, où le vendeur se résigne au payement proportionnel, les syndics chercheraient vainement dans l'article 578 le droit de s'y opposer (2).

IIIe SECTION

A QUELLES CONDITIONS LE VENDEUR PEUT-IL EXERCER
L'ACTION RÉSOLUTOIRE.

Lorsque le vendeur est valablement autorisé à exercer l'action résolutoire, lorsque les syndics ont refusé de se prononcer pour l'exécution du marché, l'article 576, dans son alinéa final, détermine à quelles conditions le vendeur est admis à faire valoir ses droits :

« Le revendiquant sera tenu de rembourser à la masse les à comptes par lui reçus ainsi que toutes avances faites pour fret ou voiture, commission, assurance ou

---

(1) Bordeaux, 16 juillet 1840, D. 40, 2, 214 ; Rennes, 7 janvier 1879, S. 80, 2, 235.
(2) Nîmes, 4 juillet 1885, S. 86, 2, 91.

autres frais, et de payer les sommes qui seraient dues pour mêmes causes. »

Que le vendeur doive rembourser les à comptes, il n'y a là qu'une simple application des principes. La vente étant résolue, le vendeur et l'acheteur doivent être remis dans la même situation que si la vente n'avait jamais eu lieu.

Mais ne faut-il voir aussi qu'une application des principes généraux du droit, dans l'obligation imposée au vendeur de rembourser les frais divers occasionnés par la vente et l'expédition des marchandises ?

Des auteurs l'ont soutenu, et tout récemment l'un d'entre eux, M. Appleton (1), a repris très énergiquement la défense de cette théorie généralement abandonnée.

Il est juste, dit-il, que l'acheteur rentre dans ses déboursés, sans quoi la reprise de la marchandise à proximité des lieux d'arrivée ou dans ce lieu même, permettrait au vendeur de ressaisir les colis accrus de la valeur du transport sans qu'il lui en coutât rien.

Mais quand il en serait autrement, quand le vendeur ne trouverait pas un nouvel acheteur au lieu d'arrivée, il convient encore de l'obliger à rapporter tout d'abord à la faillite les frais du transport, etc., quitte à lui reconnaître le droit de produire à la masse pour leur montant.

(1) Appleton, *Des droits du vendeur à livrer dans la faillite de l'acheteur*, p. 31 et 32.

Tel était le système consacré implicitement par le Code de 1807 lorsqu'il disait : le vendeur sera tenu de rendre l'actif du failli indemne de toute avance. — Pourquoi cette expression compliquée — rendre l'actif du failli indemne de toute avance — à la place de l'expression bien plus simple — rembourser les avances — du premier article 143, sinon pour marquer qu'il ne s'agit en effet que de défrayer l'actif de la vente, toute réserve faite pour le vendeur de s'inscrire d'autre part dans la faillite pour le montant de ses restitutions en tant qu'elles représenteraient un préjudice? L'actif est bien ainsi rendu indemne ; quant au passif, la question est réservée et avec raison, car si le vendeur peut revendre les marchandises au lieu d'arrivée, les frais faits par lui lui profiteront ; dans le cas contraire, il subira un préjudice et pourra produire au passif.

Il est vrai que cette expression significative — rendre l'actif indemne — ne se retrouve plus dans l'article 576 de la loi de 1838 ; mais il ne faut attacher aucune importance à sa disparition ; rien dans les travaux préparatoires ne laisse deviner l'intention de modifier à cet égard le sens de l'article 576.

Cette argumentation est très ingénieuse, mais elle ne nous a pas convaincu.

Tout d'abord l'interprétation de la rédaction du Code de 1807 ne nous paraît guère conduite avec une déduction bien rigoureuse. On modifie le texte primitif ; on remplace les mots — rembourser les avances — par les mots — rendre l'actif indemne. — Cette correction prend une importance considérable ; on y voit la confirmation éclatante de la thèse que l'on soutient. Il semblerait alors que la correction inverse, que l'on a fait subir au texte en 1838, devrait être regardée comme le rejet évident de la théorie première. Non, ce raisonnement, décisif dans le premier cas, ne vaut plus rien maintenant. Est-ce qu'une méthode d'interprétation aussi capricieuse et déconcertante trouverait au moins sa justification dans les travaux préparatoires ? Mais ils sont aussi muets sur la question en 1807 qu'en 1838.

Il n'est donc nullement prouvé que les expressions différentes des deux rédactions successives du texte de 1807 ne soient pas synonymes ; et l'on ne peut en tirer dès lors aucun argument. N'oublions pas que la jurisprudence n'avait pas admis cette traduction de l'article 579 du Code de 1807. Elle n'avait pas considéré l'obligation de rembourser les avances comme un simple procédé de liquidation, mais tout au contraire comme une restriction des droits du vendeur (1). Or, en présence de cette jurisprudence, le législateur de 1838 n'a manifesté, ni dans les discussions ni dans le texte législatif, l'intention d'adopter une interprétation différente. Qu'en faut-il légitimement conclure, sinon que les auteurs de la loi nouvelle ont entendu approuver et consacrer cette jurisprudence ?

______

(1) Cass., 21 février 1828, D. 1828, 1, 143.

Examinons d'ailleurs si, comme le prétendent les partisans du système adverse, l'obligation imposée au vendeur de rembourser les frais faits à l'occasion de la vente est conforme aux principes du droit.

Voici d'abord comment s'exprimait Pothier sur ce point dans son *Traité de la vente* (n° 470). « A l'égard de tout ce qu'il en a coûté à l'acheteur pour faire son acquisition, dont le vendeur n'a pas profité, tels que sont les frais de contrat, de centième denier, les profits féodaux ou censuels, que l'acheteur a payés pour son acquisition, le vendeur n'est pas tenu d'en indemniser l'acheteur ; au contraire, si ces droits n'avaient pas été acquittés par l'acheteur, et que le vendeur, après être rentré dans l'héritage par lui vendu, fût inquiété par raison desdits droits, ce serait à l'acheteur à l'en indemniser... La raison est que la résolution du contrat, qui se fait en vertu du pacte commissoire, se fait par la faute de l'acheteur qui n'a pas rempli l'obligation qu'il avait contractée de payer le prix, c'est donc sur lui que doit retomber la perte de tout ce qu'il en a coûté pour l'acquisition ; le vendeur n'en doit pas souffrir... »

L'article 1593 du Code civil énonce la même règle : Les frais d'actes et autres accessoires à la vente sont à la charge de l'acheteur.

Ces frais constituent donc une dette du failli et non une dette du vendeur. Or les principes de la faillite conduisent bien à imposer aux créanciers la règle du payement proportionnel de leurs créances, mais jamais à mettre à leur charge des dettes qui n'existaient pas auparavant.

Dira-t-on que le voyage a accru la valeur des marchandises?

D'abord il n'en sera pas toujours ainsi et le résultat contraire pourra même se produire très souvent. Ensuite, à supposer qu'il y ait une augmentation de valeur des marchandises, le vendeur ne réalisera jamais qu'un bénéfice insignifiant, puisque les syndics ont le droit, si le marché est avantageux pour la masse, d'en exiger l'exécution. Enfin il n'y aura jamais là pour le vendeur qu'une source de profits purement aléatoires qui ne sauraient entrer en ligne de compte.

Ainsi il est bien certain que, sans l'article 576, jamais on n'aurait pu réclamer au vendeur le payement de ces frais. La disposition qu'il renferme n'est donc pas la consécration des principes du droit commun, mais tout au contraire une dérogation complète à ces principes.

Le législateur a pensé qu'en laissant au vendeur le droit de résolution, il lui accordait une faveur exceptionnelle en portant atteinte au principe de l'égalité entre les créanciers; et il a marqué les limites extrêmes de cette faveur en l'obligeant à rembourser les frais faits par l'acheteur.

Il en résulte les deux conséquences suivantes :

Le vendeur ne peut produire à la faillite pour le payement proportionnel des sommes qu'il a payées pour le remboursement des frais.

Et, à plus forte raison, il ne peut réclamer des dommages-intérêts en arguant du préjudice que lui cause l'inexécution du contrat (1).

Toutefois convient-il d'admettre cette dernière solution d'une manière absolue et sans restriction ? Le vendeur, intentant l'action résolutoire, est-il toujours privé du droit de réclamer des dommages-intérêts ? Ne faudrait-il pas distinguer suivant qu'il demande la résolution quand les marchandises sont en cours d'expédition, ou suivant qu'il les possède encore et exerce sur elles le droit de rétention ? Ne pourrait-on pas alors lui reconnaître le droit de demander des dommages-intérêts ?

La question s'est posée tout dernièrement à propos d'un procès célèbre (Affaire de la *Société des Fonderies et Forges de Terre-Noire, la Voulte et Bessèges* contre le syndic de l'*Union générale*). Le tribunal de commerce de la Seine, par un jugement du 7 mai 1883, décida que le vendeur n'avait droit à aucune indemnité. La première chambre de la Cour de Paris se prononça en sens contraire le 4 mars 1886. Mais le 16 février 1887, après délibération en chambre du conseil, la Chambre civile de la Cour suprême cassa l'arrêt de la Cour de Paris.

« Attendu, dit-elle, que la faillite constitue un état particulier qui a ses règles propres, principalement destinées à établir une égalité de traitement entre les divers

____

(1) Aix, 6 janvier 1844, S. 44, 2, 31 ; Trib. comm. Bordeaux, 3 septembre 1847, D. 47. Table V° *Revendication* ; Marseille, 4 juin 1877, *J. de Marseille*, 77, 1, 266 ; — 25 juillet 1881, *J. de Marseille*, 81, 1, 242.

créanciers du failli ; que si, en certaines circonstances, la loi s'écarte de cette règle de l'égalité, les exceptions qu'elle y apporte ne sauraient être étendues par le juge sous prétexte de rentrer dans les principes du droit commun ;

« Attendu que cette règle d'interprétation est spécialement applicable au vendeur d'effets mobiliers dont le sort en matière de faillite est expressément et limitativement réglé par les articles 550, 576 et suivants du Code de commerce ; qu'en principe, la faillite ne résolvant pas les contrats passés antérieurement avec le failli, le vendeur qui, comme dans l'espèce, lui a consenti un marché à livrer devrait livrer les marchandises au représentant de la faillite dont elles accroîtraient l'actif, sauf à produire au passif dans les formes légales pour être payé du prix au marc le franc. Que, toutefois, il est certain que la loi ne l'a pas traité avec cette rigueur et que par l'article 577 elle lui permet, s'il n'a point encore livré la marchandise, de la retenir dans ses magasins, et par conséquent d'en reprendre la libre disposition, comme si le contrat était résolu, sauf, bien entendu, la faculté réservée au syndic par l'article 578, mais que cette faveur faite au vendeur ne saurait recevoir d'extension au delà des termes dont s'est servi le législateur ; qu'il accorde au vendeur un droit de rétention et rien de plus ;

« Que vainement, pour juger le contraire, l'arrêt attaqué invoque soit l'article 1184 du Code civil, soit d'autres articles empruntés au titre de la vente, qui permettent d'allouer des dommages-intérêts à la partie vis-à-vis de laquelle une autre manque à ses engagements ; que ces articles, dont l'application se justifie parfaitement dans les rapports du vendeur avec l'acheteur, cessent d'être applicables dans les rapports du vendeur avec la masse des créanciers qui luttent comme lui *de damno vitando* et n'ont pas moins de droits que lui à se plaindre du préjudice que lui cause l'état de faillite et l'inaccomplissement des obligations du failli ;

« D'où il suit qu'en reconnaissant à la compagnie défenderesse le droit de se faire allouer des dommages-intérêts à raison de l'inexécution du marché de l'espèce, l'arrêt attaqué a faussement appliqué l'article 1184 du Code civil et violé l'article ci-dessus visé du Code de commerce.

« Casse et annule…, etc. (1). »

La décision de la Cour de cassation fut vivement critiquée ; elle fut combattue par M. Labbé dans deux notes insérées sur Sirey (2) et par M. Appleton dans un article des *Annales du Droit commercial* (3). Leur doctrine accordant au vendeur des dommages-intérêts fut adoptée par la Cour de cassation belge (4).

La question est donc extrêmement controversée. Il importe, avant de prendre parti pour l'une ou l'autre

---

(1) Cass. civ., 16 février 1887, S. 87, 1, 146.

(2) Sirey, 1887, 1, 146 et 1887, 2, 25.

(3) *Annales du Droit commercial.* — Appleton, *Des droits du vendeur à livrer dans la faillite de l'acheteur*, 1886, tome I, p. 257.

(4) Cass. belge, 7 février 1889, S. 90, IV, I.

opinion, d'exposer les arguments que l'on fait valoir en faveur du vendeur.

Ses partisans posent d'abord comme base de leur système le principe qu'en cas de silence de la loi commerciale, ce sont les règles du Code civil qu'il faut appliquer.

La presque unanimité de la doctrine le reconnaît et aussi la jurisprudence. C'est ainsi que la Cour de cassation a eu plusieurs fois à se prononcer à ce sujet avant la loi de 1863 sur le gage commercial. Elle décidait que le Code de commerce étant muet sur ce point, les règles du Code civil conservaient leur empire (1). Et il en est de même en ce qui concerne la matière spéciale qui nous occupe : la vente. Il y a sur la vente un seul article dans le Code de commerce, l'article 106 ; il faut évidemment trouver ailleurs les règles complémentaires. Où les trouvera-t-on si ce n'est dans le Code civil ? Aussi la jurisprudence déclare que l'article 1657 régit les ventes commerciales (2). Ce principe conserve toute sa vigueur quand il s'agit de commenter la loi des faillites. C'est bien ainsi que les rédacteurs de la loi ont envisagé les choses et la preuve en est que décider le contraire amènerait la suppression de tous les privilèges dont le Code de commerce n'a pas fait mention. Il y en a au moins huit sans compter les six privilèges du Trésor public. Personne n'a jamais osé soutenir qu'ils avaient été abolis par prétérition.

(1) Cass. civ., 19 juin 1860, D. 60, 1, 249.
(2) Dijon, 11 février 1870, D. 72, 2, 193 ; Cass. req., 19 février 1873, D. 73, 1, 301.

Il est donc bien certain, qu'à défaut de règles commerciales spéciales, les règles civiles s'appliquent d'une part à la vente en général, d'autre part à la faillite en général. Ne serait-il pas étrange que ce principe cessât d'être vrai quand il s'agit de déterminer les effets de la vente en cas de faillite ?

Aussi ne saurait-on railler trop vivement le raisonnement de la Cour suprême, fondé sur le principe de l'égalité des créanciers. Il semblerait qu'elle ait été dupe de la magie des mots et qu'elle n'ait pas vu que l'égalité dont elle parlait avait un sens précis et restreint. Il doit y avoir égalité sans doute, mais égalité seulement entre les personnes se trouvant dans une situation identique. Si les conventions passées sont différentes, on ne peut méconnaître leurs caractères distinctifs. La faillite n'a pas pour effet de les dénaturer.

Appliquons cette règle aux conventions synallagmatiques en général. Puisqu'il faut respecter leur nature, on ne peut les traiter comme si elles étaient unilatérales et les décomposer en deux stipulations indépendantes l'une de l'autre. Les obligations des deux parties sont corrélatives ; l'exécution de l'une est subordonnée à l'exécution de l'autre. Ce n'est pas là une règle arbitraire; c'est l'interprétation même de la volonté des contractants. La condition résolutoire de l'article 1184 est une conséquence nécessaire de la nature des contrats synallagmatiques.

On ne peut donc pas décomposer la vente, contrat

synallagmatique, en deux opérations distinctes et dire :
le vendeur débiteur doit commencer par livrer, sauf à
produire ensuite comme créancier. Non, cette dette et
cette créance sont liées d'un lien indissoluble, le vendeur
ne doit livrer que s'il est payé.

Que signifie alors cette règle de l'égalité? Elle consiste
uniquement dans la loi du dividende imposée aux créanciers chirographaires ; et la solution de la question doit
résulter de la combinaison de ces deux principes : Le
caractère distinctif des contrats subsiste ; — Les créanciers chirographaires subissent la règle du payement
proportionnel.

Le caractère distinctif des contrats subsiste, donc le
vendeur peut demander la résolution du contrat avec
dommages-intérêts.

Les créanciers subissent la règle du payement proportionnel, donc le vendeur, pour les dommages-intérêts,
ne sera payé qu'au marc le franc comme les autres
créanciers.

Telle est la conclusion à laquelle on aboutit par l'application raisonnée des principes. Recherchons si, dans
les textes spéciaux relatifs au vendeur, la loi commerciale a entendu y déroger.

ART. 577. — D'après la Cour de cassation, le législateur accorde au vendeur un droit de rétention et rien de
plus. L'article 577 serait une faveur faite au vendeur et
cette faveur ne saurait être étendue au delà des termes
dont la loi s'est servie. Les dispositions du Code de com-

merce sur les droits du vendeur forment un tout complet ;
ils se suffisent à eux-mêmes.

Remarquons, au préalable, que la loi de 1838 et le
Code de 1807, s'ils diffèrent par certaines modifications
de détail, sont certainement inspirés du même esprit.
Quand on lit les travaux préparatoires des deux lois, on
est frappé de leur ressemblance.

Or la disposition de l'article 577 n'existait pas dans
le Code de 1807. Si donc il avait fallu admettre alors le
système de l'interprétation restrictive, on aurait dû refuser au vendeur le droit de rétention. C'eût été absurde,
car la loi donnant au vendeur la reprise même des marchandises livrées tant qu'elles n'étaient pas entrées dans
les magasins de l'acheteur, à plus forte raison lui don-
nait-elle le droit de garder celles qu'il n'avait pas encore
livrées. Aussi le droit de rétention, d'ailleurs expressément reconnu dans les travaux préparatoires, n'avait
jamais été contesté avant la loi de 1838.

Puisque l'interprétation restrictive n'existait pas dans
le Code de 1807, il faut que ce soit la loi de 1838 qui
l'ait introduite. Pour être renseigné à cet égard, on ne
saurait mieux faire que de consulter ses rédacteurs.

Or, sans vouloir reproduire toutes les discussions
qui eurent lieu, on peut affirmer que, d'une manière
générale, le système de la loi se résumait ainsi : maintenir le droit commun de la vente sauf les exceptions limitativement indiquées. — Et sur l'article 577, voici
comment s'exprime Renouard, rapporteur du projet de

loi à la Chambre des Députés. — La rétention, conséquence de la mainmise sur la chose, s'opère par la force
du droit naturel. Le droit de rétention existait dans l'ancien Code de commerce, quoiqu'il n'y fût pas écrit. Il est
écrit dans les articles 1612 et 1613 du Code civil. La loi
nouvelle a jugé utile de le consacrer implicitement.

L'objection viendrait-elle alors de l'article 577 et de
sa rédaction ? Pourquoi, pourrait-on dire, la loi a-t-elle
pris la peine de consacrer un principe incontestable,
sinon pour indiquer qu'elle entendait limiter les garanties du vendeur au seul droit de rétention ?

Il est facile d'y répondre. Non seulement la rédaction
de l'article 577 n'est pas limitative dans ses termes,
mais la présence de cet article dans la loi s'explique très
aisément.

Le Gouvernement supprimant, dans son projet, le
droit de revendication, avait cru nécessaire de consacrer
expressément le droit de rétention, craignant qu'on ne
conclût de l'abolition de l'un des droits à l'abolition de
l'autre. La disposition relative à la suppression du droit
de revendication ne fut pas adoptée et disparut ; mais,
comme on entendait conserver le droit de rétention, on
ne fit aucune objection au texte qui en parlait, et c'est
ainsi qu'il fut maintenu dans la rédaction définitive. Par
conséquent, considérer cet article comme limitatif des
droits du vendeur, c'est prendre précisément le contre-
pied de l'intention du législateur.

Il est si vrai d'ailleurs que l'interprétation restrictive

est impossible, que la Cour de cassation elle-même reconnaît au vendeur rétenteur le droit de résolution. Mais où trouver la source de ce droit ? Ce n'est pas dans l'article 550 puisqu'il le supprime quand les marchandises sont arrivées à destination ; ce n'est pas dans l'article 576 qui vise l'hypothèse particulière de marchandises en cours d'expédition ; ce n'est pas enfin dans l'article 577 qui ne parle que du droit de rétention.

Il faut donc absolument que ce droit ait son origine dans les articles 1184 et 1654 du Code civil. Mais alors il n'est donc plus vrai que les dispositions du Code de commerce se suffisent à elles-mêmes ! Il n'est donc plus vrai que l'on doive admettre l'interprétation restrictive ! On est contraint d'appliquer en partie l'article 1184 ; mais alors pourquoi s'arrêter et se refuser à l'appliquer complètement ?

Art. 576. — Serait-ce en raison d'un argument d'analogie tiré de l'article 576 ? Mais l'obligation de rembourser les frais occasionnés par la vente, et l'impossibilité qu'on en déduit de réclamer des dommages-intérêts, sont des dérogations aux principes généraux qui régissent l'action résolutoire, une exception que l'on doit ici interpréter d'autant plus strictement qu'il n'y a aucune analogie entre les deux situations. La revendication accordée au vendeur fut en effet considérée comme une faveur, le vendeur s'étant dessaisi de la chose, et le payement des créances parut une juste compensation de cette faveur. Mais jamais on ne prétendit qu'il y eût faveur pour le vendeur à exercer le droit de rétention, puisqu'on le reconnaissait à tous les autres créanciers en vertu d'un contrat synallagmatique. Conclure de l'une à l'autre de ces situations est donc une erreur de raisonnement.

Art. 578. — Enfin l'article 578 fournit une nouvelle preuve de décider ainsi. Il établit le principe que la faillite ne résout pas le contrat de plein droit; le syndic peut empêcher la résolution en exécutant la vente. Mais si la convention conserve toute sa force obligatoire en faveur du failli, il faut admettre par une juste réciprocité qu'elle conserve toute sa force obligatoire contre lui. Ce n'est que de l'équité. — Que résulterait-il en effet du système adverse? Le syndic aurait le droit d'exiger l'exécution, chaque fois que le marché serait avantageux pour lui, qu'il y aurait hausse sur la marchandise. S'il y a baisse, le syndic n'exécutant pas le contrat, le vendeur serait contraint de revendre à perte. La justice ne commande-t-elle pas de faire retomber cette perte sur l'acheteur qui est en faute de n'avoir pas rempli ses obligations et non sur le vendeur qui n'a rien à se reprocher?

Les partisans de la résolution avec dommages-intérêts font encore valoir la différence inexplicable qui existerait entre la situation du vendeur et celle de l'acheteur; ce dernier, en cas de faillite du vendeur, ayant le droit de réclamer des dommages-intérêts (1). Ils nous mon-

(1) Cass. req., 23 février 1858, S. 58, 1, 602.

trent, lorsque la vente a été conclue par l'intermédiaire d'un commissionnaire, le vendeur armé du droit de lui demander des dommages-intérêts, et le commissionnaire pouvant produire à la faillite pour toucher l'indemnité payée au nom de son commettant (1). Comparé ainsi à tous ceux qui sont engagés dans un contrat synallagmatique, le vendeur, toujours si bien protégé, serait dans une situation plus misérable. Par une ironie singulière, il n'aurait plus qu'un privilège d'infériorité.

Enfin on invoque les législations étrangères ; toutes celles qui se sont occupées de la question accordent au vendeur, dans notre hypothèse, le droit d'exiger des dommages-intérêts.

Nous avons pris soin d'exposer cette théorie dans ses plus grands détails, en nous efforçant de ne pas affaiblir la vigueur du raisonnement. Soutenue par des auteurs éminents avec beaucoup de force et d'éclat, adoptée par la Cour de cassation belge et la première Chambre de la Cour de Paris, elle méritait qu'on lui consacrât quelques développements.

Nous ne croyons pas pourtant qu'elle soit exacte ; mais si nous refusons de l'admettre, c'est pour des motifs un peu différents de ceux qui paraissent avoir décidé la Cour suprême.

Il nous semble d'abord qu'il y aurait peut-être lieu d'adresser à la doctrine adverse quelques critiques sur

____

(1) Trib. comm. Nantes, 22 juillet 1865, *J. de Marseille*, 65, 2, 132.

des arguments secondaires et certaines conclusions excessives qu'excuse l'ardeur de la discussion.

On a comparé par exemple le vendeur, ayant négocié directement avec le failli, au vendeur qui a conclu le marché par l'entremise d'un commissionnaire. On s'est étonné de voir le premier privé de tout recours contre le failli, tandis que le second pouvait réclamer du commissionnaire des dommages-intérêts. Mais la théorie opposée efface-t-elle complètement cette distinction? Est-ce qu'elle permet au vendeur d'obtenir de l'acheteur failli autre chose qu'un dividende, tandis qu'il serait intégralement payé par le commissionnaire *in bonis*? Sans doute cette différence qui paraît tant choquer nos adversaires est diminuée de toute la valeur du dividende qu'obtiendra le vendeur, mais elle subsiste néanmoins. Faut-il d'ailleurs s'en indigner? N'arrive-t-il pas très souvent qu'une modification insignifiante en fait conduit à des situations juridiques absolument dissemblables?

L'argumentation fondée sur l'article 578 ne nous paraît pas non plus très décisive. Ne prononçons pas trop vite le grand mot d'iniquité ; si l'on refuse d'accorder au vendeur des dommages-intérêts, il n'en faut pas conclure que l'on veuille avantager le failli à ses dépens. Le failli est ici hors de cause. Il s'agit de la masse des créanciers qui peuvent, au même titre que le vendeur, se plaindre de l'inexécution des engagements pris. N'oublions pas que, même privé du droit de demander des dommages-intérêts, le vendeur est encore dans une situation plus favorable que les autres créanciers. Ceux-ci n'auront jamais qu'un dividende ; le vendeur, quand il ne sera pas payé intégralement de son prix, pourra reprendre la propriété des marchandises. La perte sera dans presque tous les cas bien moins considérable, et elle ne pourra jamais être plus grande, puisque nous avons vu qu'il avait toujours le droit de ne pas faire résoudre la vente et de se faire inscrire au passif de la faillite comme les autres créanciers.

Abandonnons maintenant ces critiques de détail et attaquons directement l'argumentation fondamentale des partisans du système adverse. Leur raisonnement peut se résumer dans les propositions suivantes :

Le vendeur rétenteur peut exercer l'action résolutoire.

L'action résolutoire dans cette hypothèse n'est pas réglée par le Code de commerce.

Donc elle reste soumise aux principes du droit commun.

La majeure de ce syllogisme est exacte assurément, personne ne conteste que le vendeur rétenteur puisse exercer l'action résolutoire.

Nous accordons également que si l'action résolutoire n'est pas réglementée par le Code de commerce, la conséquence inévitable est que, soumise aux principes généraux du Code civil, elle entraîne le droit pour le vendeur de se faire allouer des dommages-intérêts.

Mais précisément nous ne croyons pas qu'il faille sortir de la loi de 1838 pour trouver l'origine du droit de résolution du vendeur rétenteur, et notre doctrine peut se formuler ainsi :

L'action résolutoire est, dans tous les cas où elle subsiste, régie par l'article 576.

Ceux qui soutiennent la théorie opposée supposent toujours en effet qu'il est parfaitement certain que l'article 576 s'applique uniquement aux marchandises sorties des magasins du vendeur et en cours d'expédition. Et cette affirmation qui est pour eux l'évidence, puisqu'ils s'abstiennent de la démontrer, résulte d'une opinion plus générale sur la manière dont le Code de commerce a déterminé les droits du vendeur.

Ils ont adopté une division tripartite, très commode, très claire et très ingénieuse :

Les marchandises sont dans les magasins de l'acheteur.

Les marchandises sont en cours de route.

Les marchandises sont encore en la possession du vendeur.

A ces trois hypothèses bien distinctes correspondraient respectivement les trois articles 550, 576 et 577 du Code de commerce.

Malheureusement les rédacteurs de la loi de 1838 n'ont pas adopté cette méthode de distribution des droits du vendeur. On en chercherait vainement la trace dans les travaux préparatoires ; et rien, dans les termes des articles, ne la laisserait deviner. Tout au contraire, elle est par eux formellement contredite comme nous l'allons établir immédiatement.

L'article 550 régit seul, dit-on, l'hypothèse où les marchandises sont arrivées dans les magasins de l'acheteur. Mais il se borne à supprimer en pareil cas le privilège et le droit de revendication de l'article 2102 du Code civil. Que devient alors l'action résolutoire? On reconnaît qu'elle ne peut plus être exercée. Il ne servirait de rien en effet d'abolir deux des garanties du vendeur, si on lui en laisse une troisième plus redoutable que les autres et qui lui permettrait au moins d'arriver au même résultat. Et pourtant un droit ne peut être supprimé par simple prétérition. Il faut donc sortir de l'article 550, et chercher dans l'article 576 un texte permettant juridiquement de conclure à la suppression de ce droit. Le système adverse est donc déjà en défaut sur ce point.

Il l'est aussi pour la seconde et la troisième hypothèse. Ni l'article 576, en effet, ni davantage l'article 577 ne règlent le sort du privilège. Comment conclure à sa disparition sinon en appliquant à ces deux cas l'article 550?

Les dispositions du Code ne cadrent donc pas avec la division que l'on a adoptée. Cette division des droits du vendeur en trois catégories, correspondant aux trois phases successives de l'exécution du contrat, peut avoir tous les mérites ; mais il lui manque celui d'être conforme aux intentions du législateur et au texte de la loi.

Quel fut donc alors le plan suivi par les auteurs de la réforme ? Ce plan fut très simple ; il consista à réglementer séparément et entièrement, dans des articles exclusivement consacrés à chacune d'elles, les garanties que le Code civil accordait au vendeur.

Dès lors tout s'explique.

L'article 550 supprime dans tous les cas le privilège et le droit de revendication de l'article 2102 du Code civil, comme le prouvent suffisamment les termes généraux de sa rédaction.

De même l'article 577 maintient absolument le droit de rétention.

De même l'article 576 règle complètement le sort de l'action résolutoire. Il ne parle que de marchandises en cours d'expédition, c'est incontestable. Mais d'une part ses termes ne sont pas limitatifs ; d'autre part on s'explique parfaitement qu'il en soit ainsi, puisque l'article 576 avait pour but d'indiquer les limites extrêmes du droit de résolution. Il est suffisamment clair et explicite. Dire en effet que le contrat peut être résolu tant que les marchandises sont en voyage, c'est dire qu'il peut l'être quand les marchandises ne sont pas encore parties, et qu'il ne peut plus l'être quand elles sont arrivées. On n'aurait pu trouver une formule plus exacte et plus significative.

Si donc l'article 576 s'applique à l'action résolutoire dans tous les cas où elle est maintenue, la conclusion s'impose. Le vendeur qui a gardé les marchandises exerce bien sur elles le droit de rétention en vertu de l'article 577, mais quand il demande ensuite la résolution du contrat, il agit en vertu de l'article 576.

Il ne peut donc pas demander de dommages-intérêts.

Quant aux arguments tirés de la justice et des avantages de la théorie opposée, ainsi que de l'étude comparative des législations étrangères, nous n'avons pas à nous en occuper maintenant que nous nous bornons à l'interprétation des articles du Code. Nous les examinerons dans le chapitre suivant (1).

(1) On a proposé un autre moyen de procédure qui permettrait au vendeur rétenteur de se faire allouer des dommages-intérêts. Au lieu de demander la résolution du contrat, il agirait comme créancier gagiste, ferait vendre les marchandises, se payerait sur le prix de vente et, au cas où ce prix ne suffirait pas à le désintéresser, produirait pour le surplus à la faillite comme créancier chirographaire. Le vendeur pourrait-il être autorisé à agir ainsi ?

Tout d'abord il nous paraît bien certain qu'il ne le pourrait pas lorsque la vente a porté sur des marchandises *in genere* et qu'elles n'ont pas encore été spécialisées. Le droit de gage est en effet un droit réel, c'est-à-dire un droit affectant un bien déterminé. Tant que la spécialisation n'a pas eu lieu — et elle ne peut avoir lieu que d'un commun accord entre les parties, elle ne peut être faite par le vendeur seul, — il ne peut pas être question d'un droit de gage.

M. Labbé (1) cite en sens contraire un arrêt de la Cour suprême du 28 juin 1862 (2). Cet arrêt n'a pas le sens qu'il lui prête et ne contredit en rien notre système. La Cour déclare bien que la remise de titres au porteur constitue un nantissement, quoique le récépissé n'énonce pas les numéros des titres. Mais il ne s'ensuit pas qu'il s'agisse pour cela de choses *in genere*. Les titres étaient suffisamment spécialisés par le seul fait du dépôt, d'autant que, dans l'espèce, le récépissé faisait mention de leur nombre et de leur nature. Si l'assimilation du droit de rétention à un droit de gage est impossible quand il s'agit de marchandises *in genere*, ne pourrait-on pas l'admettre tout au moins quand les marchandises ont été spécialisées ?

La jurisprudence l'admet en s'appuyant sur ce motif que le droit de ré-

(1) Labbé, note sous l'arrêt de la Cour de Paris, S. 87, 2, 25.
(2) Sir, 62, 1, 625.

CHAPITRE VI

Étude critique de la loi de 1838 et législation comparée.

Si nous voulons maintenant résumer en quelques for-
mules concises les dispositions législatives que nous venons d'étudier, nous verrons que la loi française a fait au
vendeur de marchandises non payé en cas de faillite de
de l'acheteur la situation suivante :

tention dépouillé du droit de préférence serait un droit illusoire (1). Malheureusement il y a contre ce système une objection absolument décisive.
C'est que à la différence du droit de gage, le droit de rétention n'engendre
pas de privilège. Il n'y a pas de privilège sans texte et la loi ne parle nulle
part du privilège du créancier rétenteur. Le droit de rétention s'évanouit
entièrement par le dessaisissement volontaire de la chose. En provoquant
la vente des marchandises, le vendeur perd donc tout le bénéfice de sa
situation et doit subir le concours des créanciers chirographaires.

(1) Lyon, 27 août 1849, S. 49, 2, 557 ; Paris, 26 mars 1858, S. 58, 2, 478 ;
Cass. req., 17 janvier 1859, S. 59, 1, 732.
Il n'est pas sans intérêt de remarquer que, dans les espèces sur lesquelles
ces trois arrêts ont statué, le vendeur avait eu en vue un droit de gage et
non un droit de rétention, comme le prouve la stipulation insérée au contrat, stipulation qui eût été inutile, s'il s'était agi simplement du droit de
rétention. Si les cours ont refusé, dans ces hypothèses, d'y voir un droit de
gage, c'est que la constitution de gage eût dû être annulée. En effet il s'a-
gissait de valeurs industrielles pour lesquelles il eût fallu observer les
formalités de l'article 2075 C. civ., la loi de 1863 n'existant pas encore. Or
ces formalités n'avaient pas été remplies. Pour faire produire à la clause
ses effets, on a pris le détour de la considérer comme une stipulation du
droit de rétention et on a été ainsi amené à assimiler le droit de rétention
au droit de gage. Cette remarque n'est peut-être pas sans enlever aux arrêts
précités beaucoup de leur importance.

Le privilège et le droit de revendication de l'article 2102 du Code civil sont supprimés.

Le droit de rétention est maintenu intégralement.

Le droit de résolution est limité ; il ne peut plus être exercé quand les marchandises sont devenues pour l'acheteur une occasion de crédit.

Ainsi a été résolu par le législateur de 1838 le difficile problème de conciliation entre le principe de protection du vendeur et le principe d'égalité des créanciers.

Cette réforme doit-elle être considérée comme définitive ? Ne donne-t-elle lieu à aucune critique, ne laisse-t-elle plus aucun progrès nouveau à réaliser ? N'y aurait-il pas au contraire à souhaiter qu'elle eût été plus radicale et plus complète ? Ne pourrait-on lui adresser quelques reproches, ou tout au moins exprimer quelques regrets ?

Notre tâche en effet n'est pas encore terminée. En droit commercial surtout, puisque ce droit essentiellement mobile doit se renouveler sans cesse et ne peut vivre qu'en se transformant, il convient de ne pas se borner à un simple commentaire. Il ne suffit pas de connaître et de comprendre la loi ; il faut aussi en saisir les lacunes, les imperfections et les vices ; il faut la juger. En un mot l'étude purement interprétative de ses prescriptions doit aboutir à leur étude critique.

L'étude critique est délicate et difficile. Pour qu'elle soit sérieuse, pour qu'elle ne soit pas un procès stérile et une œuvre artificielle, il faut qu'elle soit précédée d'un examen attentif des législations en vigueur chez les au-

tres nations civilisées, qu'elle tienne compte des exigences nouvelles du commerce et des abus qu'une pratique
de cinquante années a signalés dans l'application de la
loi. A cette double condition seulement, elle répondra à
son but utilitaire qui est de préparer les voies aux réformes à venir.

Tendances générales des législations commerciales modernes.

Assurément il ne viendra plus à l'esprit de personne
de contester que la restriction des garanties jadis reconnues au vendeur ait été un bienfait et un progrès. La
faveur exorbitante dont il avait été entouré pouvait se
justifier sans doute à une époque où la vente était en
quelque sorte l'âme du commerce, le contrat par excellence, une des sources principales de la richesse. Mais
si elle n'a rien perdu de son importance, elle a cessé
d'être la manifestation presque unique de l'activité commerciale. D'autres contrats sont nés et ont grandi, formes infiniment multiples et variées du crédit, qui ont
droit à la même protection et ne sauraient être impunément sacrifiés. Il importait donc de réduire des garanties dangereuses ; le législateur l'a compris et l'on ne
saurait trop applaudir à son œuvre réformatrice.

Au reste cet esprit nouveau se manifeste universellement et nous allons avoir à le constater dans les législations des grands pays commerçants. Comme le législateur français, les législateurs étrangers ont diminué ou

supprimé les droits du vendeur de marchandises, dès
que ces marchandises sont devenues un élément du crédit commercial de l'acheteur. Une seule législation, celle
de l'Autriche, a maintenu scrupuleusement les anciens
principes traditionnels partout abandonnés autour d'elle.

Si l'on ne saurait trop approuver les idées modernes
qui ont inspiré les auteurs de la loi de 1838, faut-il également louer sans réserve la manière dont elles ont été
appliquées ? N'y a-t-il aucun reproche à adresser à cette
réglementation des droits du vendeur, du privilège qui
lui donne un droit de préférence sur le prix, du droit de
rétention qui lui donne un droit de gage et de la revendication de la possession qui en est l'accessoire, enfin
du droit de résolution qui anéantit le contrat et lui rend
la propriété de l'objet vendu ?

Le privilège.

Le privilège n'a été nulle part absolument maintenu ;
quand il n'a pas été complètement effacé de la loi, il n'a
subsisté que de façon à être sans danger pour les créanciers.

Deux pays, l'Espagne et la Suisse l'ont entièrement
aboli. L'Espagne qui l'admet en droit civil (art. 192 du
Code civil du 24 juillet 1889) le passe sous silence dans
le Code commercial (art. 908, Code de commerce de
1885). La loi fédérale suisse sur la poursuite pour dettes
et la faillite, du 11 avril 1889, établissant les diverses

classes de créanciers par ordre de préférence dans l'article 219, n'y fait pas non plus figurer le vendeur.

Trois autres nations, la Belgique, l'Italie et la Roumanie ne maintiennent le privilège qu'au profit du vendeur de machines. Encore doit-il, pour s'en assurer le bénéfice, faire transcrire l'acte de vente au greffe du tribunal, et l'exercer dans un délai de 2 ans à partir de la livraison, d'après l'article 546 du Code de commerce belge du 18 avril 1851. Le Code de commerce italien de 1882 (article 761) et le Code de commerce roumain de 1887 (article 786) portent ce délai à 3 ans.

Le Code de commerce néerlandais de 1836, dans les articles 238 et 245 ; la loi allemande sur les faillites du 10 février 1877 (article 30) se montrent moins rigoureux pour le vendeur. Lorsque les marchandises ont été livrées à un sous-acquéreur, qui n'a pas encore payé le prix, il est subrogé aux droits de l'acheteur jusqu'à concurrence des sommes qui lui sont dues.

Enfin l'Angleterre et les États-Unis (1) reconnaissent un privilège au vendeur, tant qu'il est resté en possession. Mais pour qu'il le perde, il suffit que l'acquéreur ait été mis en possession virtuelle — *constructive possession,* — sans qu'il soit besoin d'un déplacement effectif. Ainsi la délivrance des marchandises fait tomber

(1) *Éléments de droit civil anglais,* par Lehr. — Benjamin, *On Sales.* Book. V. — *Breach of the contract,* Part. I, *Rights and remedies of the vendor.* — J. Bouvier, *Law Dictionary adapted to the constitution and Laws of the United States of America.* V° *Stoppage in transitu.* —Smith's, *Mercantile Law.* — Baldwin, *The law of Bankrauptry.* — *Loi Anglaise sur la Faillite* de 1883, traduite et annotée par Lyon-Caen.

le privilège — *lien* — parce qu'il est fondé sur le gage. Toutefois, lorsqu'en vertu du droit de stoppage *in transitu*, le vendeur parvient à rentrer en possession, son privilège renaît. Ainsi limité, le privilège est un droit inoffensif pour les créanciers, sans utilité bien sérieuse, il est vrai, pour le vendeur qui préférera user de son droit de résolution.

Entre tous ces systèmes différents, nous donnons sans hésiter la préférence au système suivi par les lois française, espagnole et suisse, même sur le système des lois allemande et néerlandaise ; pour nous, dès que le vendeur s'est dessaisi des marchandises, nous n'apercevons aucune raison sérieuse de le traiter avec plus de ménagement et de faveur que les autres créanciers.

Le droit de rétention et la revendication
de la possession.

Mais il n'en est pas de même du vendeur qui n'a pas encore livré ses marchandises et nous indiquerons bientôt les raisons de cette différence. Aussi reconnaissons-nous ce droit que toutes les législations consacrent, le droit de rétention, mais nous estimons également que la loi française a légitimement supprimé le droit de revendication de la possession.

Plusieurs pays l'ont maintenu, comme l'article 2102 de notre Code civil, quand le débiteur n'est pas un commerçant, en ayant soin d'imposer des délais très courts

au vendeur pour l'exercice de cette faculté, car elle permet trop facilement des collusions frauduleuses dont les
tiers seraient fatalement les victimes. Ainsi le Code civil
espagnol (art. 1922), le Code civil belge (art. 2102), le
Code civil italien (art. 1513) ne permettent au vendeur
de revendiquer la possession des meubles livrés que pendant une période de 30 jours et seulement pour les ventes à terme. Partout où il existe, ce droit est uniformément soumis aux mêmes règles.

Mais toutes ces législations similaires sont aussi d'accord pour refuser au vendeur le droit de recouvrer la
possession perdue quand l'acheteur est un commerçant
failli. Il semble qu'il doive en être ainsi à plus forte raison chez les nations qui n'autorisent pas cette revendication en cas de déconfiture. Pourtant un pays fait
exception. La loi anglaise, partant d'un point de vue
tout opposé, a consacré des principes inverses de ceux
admis partout ailleurs. Elle établit, au profit du seul
vendeur de marchandises livrées, le droit de reprise de
la possession, bien connu sous le nom significatif de
stoppage in transitu.

Chose curieuse ! la même controverse qui s'est posée
en France sur la nature de la revendication de l'article 576, s'est posée en Angleterre sur la nature du *stoppage in transitu;* mais elle y a reçu une solution contraire. Tandis que la jurisprudence française attribuait à
la revendication de l'article 576 les caractères de l'action résolutoire, les jurisconsultes anglais et américains

n'ont voulu voir dans le stoppage qu'un droit de reprise de la possession.

D'ailleurs cette différence est plus juridique que pratique, et nous retrouvons, dans la réglementation du stoppage à peu près toutes les prescriptions auxquelles est soumise notre action résolutoire.

Ainsi pour qu'il puisse y avoir lieu à stoppage, il faut que les marchandises soient en cours de voyage ; lorsqu'elles sont arrivées à destination et que l'acheteur ou un tiers en son nom en a pris possession, le droit de stoppage est perdu. Des difficultés, analogues à celles que nous avons étudiées, s'élèvent sur la question de savoir à quel moment l'acheteur a acquis une possession suffisante pour mettre obstacle à l'action du vendeur. — L'exercice de son action est également subordonné à la condition que les marchandises expédiées n'aient pas été revendues à un tiers de bonne foi, nanti des titres constatant la propriété de l'acheteur.

Bien plus, le stoppage et la revendication de l'article 576 aboutissent, en réalité, à des résultats identiques. Le stoppage est en effet destiné à rendre au vendeur la possession nécessaire pour intenter l'action résolutoire, dont elle ne constitue ainsi que les préliminaires indispensables. La législation anglo-américaine, par un respect scrupuleux du formalisme, a distingué deux actions que la loi française, par un besoin de simplification, a confondues en un seul et même acte de procédure. Les divergences que nous venons de signaler sont donc plus apparentes que réelles ; il n'y a pas là une contradiction avec le système généralement admis dont il y ait lieu de s'inquiéter.

L'action résolutoire.

Jusqu'ici nous avons vu le législateur français appliquer avec autant de raison que de logique les principes qui l'avaient heureusement inspiré. Les a-t-il suivis avec la même fidélité et la même rigueur quand il a réglé le sort de l'action résolutoire ?

Assurément il a bien fait d'en paralyser l'exercice lorsque les marchandises, entrées dans les magasins de l'acheteur, ont apparu, aux yeux de tous, comme un élément de son crédit commercial. Si on avait eu la faiblesse d'autoriser l'action résolutoire en pareil cas, il eût été inutile d'édicter des mesures prohibitives à l'égard des autres droits, d'un effet moins énergique, et partant moins dangereux pour les créanciers. Aussi ne doit-on pas éprouver de surprise à constater qu'ici encore la législation française est d'accord avec presque toutes les législations étrangères. Deux nations pourtant se sont isolées de ce concert, l'Espagne et la Hollande.

Le Code de commerce espagnol (art. 908) admet la revendication des marchandises livrées, quand il s'agit de vente au comptant. Le Code de commerce néerlandais l'autorise même pour les ventes à crédit (art. 232) ; mais il exige que l'action soit intentée dans un délai de

30 jours à partir de la livraison. Ces deux dispositions
sont intéressantes à examiner ; on y retrouve, dans l'une
la distinction des ventes au comptant et des ventes à
terme, dans l'autre le délai de 30 jours, que nous avons
vus être les signes caractéristiques de la revendication
de la possession. Il est bien certain pourtant que cette
réglementation du Code espagnol et hollandais s'applique à l'action résolutoire. Ces deux exemples nous
montrent d'une manière frappante l'évolution insensible
et cachée que subissent souvent les expressions juridiques dans la transformation de leur signification. Au
surplus le vendeur aura rarement l'occasion de se prévaloir de ces décisions favorables, car il ne peut revendiquer que si les marchandises ont conservé leur identité et il arrivera bien rarement qu'elles ne l'aient pas
perdue. Néanmoins, quelque insignifiant et restreint
que soit l'effet de ce système, nous lui préférons sans
hésiter le système français presque universellement
adopté. Nous en avons indiqué plus haut les raisons,
il est inutile de les répéter ici.

Nous eussions même souhaité que le législateur de
1838, poursuivant son œuvre égalitaire, eût interdit l'action résolutoire, dès que le vendeur s'est dépouillé de la
possession des marchandises. L'article 576 a le tort très
grave d'être une transaction, une concession à une opinion opposée et inconciliable avec celle qui avait inspiré
jusque-là les auteurs de la loi. Mais, avant de justifier la
réforme radicale que nous proposons, nous allons entre-

prendre tout d'abord la critique des prescriptions de détail qu'il renferme. En montrant que l'article 576 ne doit pas subsister tel qu'il est, nous aurons déjà préparé les esprits à accepter l'idée de sa suppression.

1° Critique de l'exigence de la signature des pièces pour la validité de la revente.

Cette exigence que l'on ignorait avant 1838 n'était pas demandée par les commerçants ; elle n'a pas été inspirée par les usages ou les besoins du commerce, elle est une pure création législative et c'est assez dire qu'elle est désastreuse. Exiger en effet la signature des deux pièces, c'est absolument comme si l'on prohibait la revente des marchandises en route, puisqu'il est d'usage que le vendeur ne signe la facture qu'après payement du prix.

Admettons même un instant que la signature de la facture n'implique pas nécessairement le payement. Mais bien souvent, par simple oubli et non par défiance, le vendeur n'omettra-t-il pas de signer les pièces ? Et cette omission sera bien plus fréquente encore de la part des vendeurs étrangers, puisque les législations de tous les autres pays, sauf celle de la Belgique (art. 568), ignorent cette formalité vexatoire.

L'acheteur n'aura donc presque jamais entre les mains les deux pièces signées, et alors de deux choses l'une :

Ou le second acquéreur achètera sans la signature soit parce qu'il est un étranger, soit parce qu'il a confiance dans le négociant à qui il s'adresse. Dans le premier cas, le vendeur primitif n'aura qu'un recours purement illusoire ; dans le second cas, le sous-acquéreur sera victime de la confiance qu'il avait accordée, singulière manière d'encourager le crédit commercial que l'on prétendait favoriser.

Ou bien la revente sera impossible. Les marchandises resteront stériles et improductives pendant tout le cours du voyage. Une hausse se produira, l'acheteur n'en pourra profiter et sera exposé par suite à des pertes considérables qui achèveront de ruiner son crédit déjà ébranlé et contribueront à amener la faillite. Si bien que le vendeur sera ainsi la première victime de la sollicitude excessive que lui témoigne le législateur. N'eût-il pas mieux valu éviter d'entrer dans ces prescriptions minutieuses, aussi maladroites qu'inutiles pour empêcher la fraude, et dont le seul résultat soit d'entraver les transactions ?

2° Critique de l'exigence des deux pièces pour la validité de la revente.

Cette nécessité, pour que la revente soit valable, qu'elle ait lieu à la fois sur facture et sur connaissement, n'est encore connue qu'en Belgique. Partout ailleurs il suffit, pour que la revente soit inattaquable, qu'elle ait eu lieu sur l'une ou sur l'autre pièce, suivant les procédés de transmission habituels et réguliers.

Pourquoi d'ailleurs exiger la remise des deux pièces ? On prétend que leur réunion est indispensable, parce que chacune d'elles a des fonctions distinctes, un rôle différent. La facture constate l'achat, la transmission de propriété du vendeur à l'acheteur ; la lettre de voiture ou le connaissement représente la marchandise et sa remise équivaut à sa tradition. Ces deux titres se complètent l'un l'autre ; l'un sans l'autre serait un titre insuffisant et inefficace. C'est ce que les interprètes répètent à l'envi.

C'est pourtant une erreur certaine. L'effet produit par la facture n'est autre que la constatation de la vente ; or cette preuve résulte déjà de la remise du connaissement (1). Il est admis aujourd'hui sans discussion (2) que la propriété des marchandises se transmet par la simple cession du connaissement ou de la lettre de voiture qui peut être négociée par voie d'endossement.

Il est d'autant plus regrettable que la remise du connaissement ne suffise pas, que l'application de l'article 576 présente les plus graves inconvénients.

Le premier, c'est d'empêcher les reventes partielles. Si en effet le sous-acquéreur veut se mettre complètement en règle vis-à-vis de la loi, il exigera la remise du connaissement et de la facture. Mais alors comment l'acheteur revendra-t-il les marchandises qui lui restent, puisque la transmission des deux pièces est absolument nécessaire ?

Un autre inconvénient, c'est l'obligation où sera l'acheteur de faire connaître au sous-acquéreur le prix qu'il a payé les marchandises dans la première vente,

____

(1) Note de Labbé, sous Cassation, S. 76, 1, 49.
(2) Cass., 13 janvier 1882, S. 1, 62, 207.

puisqu'il doit remettre la facture. Aussi que se passe-t-il dans la pratique? C'est qu'au mépris de la loi la revente ne se fait que sur une seule pièce. N'eût-il pas été dès lors préférable de valider les reventes normalement et régulièrement exécutées ?

Si ces raisonnements sont exacts, nous avons déjà en grande partie démontré qu'on pourrait rayer du Code l'article 576 sans que sa disparition pût inspirer des regrets bien sérieux. Car ces règles particulières abolies, il faut reconnaître qu'une fois les marchandises livrées, le vendeur est à la merci de l'acheteur et qu'il ne trouve plus dans la revendication de l'article 576 qu'une protection chimérique. Aussi déclarons-nous très nettement que le vendeur ne devrait conserver l'action résolutoire qu'autant qu'il aurait gardé les marchandises et qu'il en devrait être privé par le seul fait de la transmission à l'acheteur de la lettre de voiture ou du connaissement. Dans notre pensée, le droit de résolution ne serait maintenu que comme l'accessoire et le complément obligatoire du droit de rétention.

En demandant cette restriction nouvelle des garanties légales accordées au vendeur, nous sommes en réalité moins audacieux qu'on ne serait tenté de le croire. N'at-on pas vu dans la préface historique de cette étude, combien en 1807 et en 1835 ce système avait rencontré de partisans convaincus, dont l'échec doit être surtout attribué à l'influence persistante de la tradition ?

Allons au fond de la discussion, examinons la situa-

tion du vendeur quand il a livré les marchandises, pour
voir s'il mérite une faveur particulière. Il a suivi la foi
de l'acheteur, il s'en est remis entièrement à lui. Il a agi
exactement comme les créanciers chirographaires : il
a témoigné la même confiance, ou, si l'on préfère, il
a commis la même imprudence. La justice exige qu'il
subisse la même loi.

Allèguera-t-on en sa faveur que le commerçant,
près de sombrer dans la faillite, multiplie les achats ;
que beaucoup de vendeurs sont exposés ainsi à des
pertes considérables contre lesquelles leur vigilance ne
pouvait les garder ? — Mais le vendeur est en faute de
ne s'être pas renseigné sur la situation financière de son
acheteur. A supposer même qu'il lui fût impossible de
prévoir la catastrophe, les autres créanciers ne se trou-
vent-ils pas dans une ignorance aussi légitime, et partant aussi dignes d'intérêt ? Quand la faillite est imminente, le négociant multiplie les emprunts comme les
achats ; les prêteurs d'argent courent les mêmes dangers que les vendeurs de marchandises. Pourquoi établir une différence de régime, là où il n'y a pas de différence de situation ?

Sans doute cette inégalité de traitement serait suffisamment justifiée, si la protection spéciale, dont on
entoure le vendeur, était utile au commerce et pouvait
activer les transactions. Mais la suppression de l'action
résolutoire quand les marchandises sont en voyage,

n'entraînerait aucun ralentissement du mouvement commercial.

De deux choses l'une, en effet : ou le vendeur a pleine confiance en son acheteur, ou il ne l'a pas. A-t-il confiance en lui, toute garantie est superflue. Se défie-t-il au contraire de la valeur de son crédit, une sûreté si incertaine et si précaire ne le déterminera jamais à traiter ; car, pour compter sur elle, il faudrait qu'il fût certain que la faillite éclatera pendant le voyage. Or cette certitude, il est bien certain qu'il ne l'aura jamais ; et si la faillite éclate un jour seulement après l'arrivée des marchandises dans les magasins de l'acheteur, tout droit est perdu pour lui. Par conséquent ou il refusera de traiter ou il exigera des garanties plus sérieuses et moins problématiques.

Enfin la fameuse revendication de l'article 576 n'est pas seulement injuste et inutile, elle a de plus le déplorable effet d'engendrer des procès sans nombre. Les trois quarts des contestations portées devant les tribunaux sur la réglementation des droits du vendeur par la loi de 1838 portent sur cette revendication. La meilleure preuve qu'elle devrait disparaître, c'est que, chaque fois qu'on les a consultées, les Chambres de commerce ont été hostiles à son maintien.

Ainsi, pour démontrer combien il serait souhaitable de supprimer le droit de résolution quand le vendeur a perdu la possession des marchandises, nous nous sommes placés toujours à un point de vue exclusivement pratique et nous avons soigneusement écarté les arguments de pure doctrine. Maintenant nous croyons avoir acquis le droit d'affirmer que les véritables intérêts du commerce réclament impérieusement cette réforme nécessaire et nous pouvons envisager sans trop d'inquiétude une dernière objection dont il serait pourtant peu sincère de se dissimuler l'extrême gravité.

Les lois de tous les pays, en effet, jusqu'au nouveau Code suisse de 1889, consacrent, au profit du vendeur, le droit de reprendre, par l'action résolutoire, les marchandises en cours d'expédition (1). Toutefois les règles adoptées à cet égard ne sont pas uniformément les mêmes et il est facile de ranger les législations étrangères en deux groupes distincts : d'une part celles qui ont été rédigées suivant les principes de la loi française ; d'autre part celles qui se rapprochent des législations anglaise et allemande.

Le premier groupe ne comprend que quatre pays : la Belgique, l'Italie, la Hollande et la Roumanie, qui, tous les quatre, imposent au vendeur revendiquant les marchandises en route l'obligation de rembourser à la faillite non seulement les à comptes reçus, mais encore les frais faits par l'acheteur à l'occasion de la vente (2). Ils

(1) Sous la réserve, bien entendu, du droit pour le représentant de la faillite — syndic ou curateur — d'exécuter le contrat au lieu et place du failli.

(2) Code de commerce belge de 1851, art. 569 ; Code de commerce italien de 1882, art. 792 ; Code de commerce néerlandais de 1835, art. 1836 ; Code de commerce roumain de 1887, art. 817.

lui refusent donc, à plus forte raison, le droit de réclamer des dommages-intérêts.

Au second groupe, beaucoup plus important, appartiennent : l'Angleterre et les États-Unis, l'Allemagne, l'Espagne, la Suisse, le Danemark, la Suède et la Norvège.

Ces différents pays ne se prononcent pas sur la question du remboursement des frais ; ils laissent donc la vente soumise aux principes généraux qui régissent la résolution des conventions synallagmatiques, et l'on en a conclu avec raison qu'ils reconnaissaient au vendeur le droit d'exiger des dommages-intérêts calculés sur la différence entre le prix stipulé et la valeur des marchandises au moment de la résolution du contrat. Les recueils de la jurisprudence anglo-américaine ne laissent même aucun doute sur l'exactitude de cette solution.

Ainsi donc toutes les législations, la plupart même plus favorables encore que la nôtre au vendeur, lui accordent, sous le nom de revendication, le droit de résolution quand la marchandise, au jour de l'ouverture de la faillite, n'est pas encore entrée dans les magasins du failli. Cette imposante unanimité devrait inspirer des doutes sur la nécessité de la réforme que nous sollicitons, s'il n'était possible de donner de cet état général de la législation une raison toute spéciale et qui prouve qu'on aurait tort d'y chercher un argument sérieux contre la thèse que nous soutenons.

Cette raison a été remarquablement mise en lumière

par M. Thaller (1) et nous ne pouvons que reproduire ici son ingénieuse démonstration :

« Le système de la revendication des marchandises en route a son explication historique. Il a dû se former à une époque où les notions de la tradition et du transfert de propriété mobilière, encore à l'état rudimentaire, manquaient de précision. Partant de l'idée que la tradition opère la mutation des meubles, idée peu exacte du contrat de vente d'après le droit romain, mais vraie de la généralité des conventions, on s'était dit que le vendeur devait demeurer propriétaire, et par conséquent apte à revendiquer, jusqu'au moment où la tradition serait parfaite. Or, dans les envois à travers la distance, l'acheteur est ensaisiné par la réception des marchandises à destination. Cette allégation a été depuis reconnue fausse, dans la plupart des cas du moins : on peut acquérir la possession par autrui, il arrivera maintes circonstances où l'agent de transport jouera au départ le rôle de représentant de l'acheteur pour recevoir la délivrance. Même quand les parties n'auraient pas entendu donner à la prise en charge cet effet juridique, il se pourra que l'expédition à l'acheteur du titre de transport, connaissement ou lettre de voiture, entraîne au fond délivrance, dès avant la fin de voyage, l'acquéreur se disant à bon droit possesseur, puisqu'il a en mains les pièces qui lui permettront de retirer les colis. Mais ces perfectionnements successifs introduits dans la doctrine de la pos-

____

(1) Thaller, *Des Faillites en droit comparé*, t. II, p. 101.

session n'ont pas altéré l'application de la règle primitive
à la vente et à la faillite. La revendication *in transitu*
s'est maintenue et a vu même avec le temps sa popularité redoubler. »

Ainsi donc le droit du vendeur de reprendre les marchandises, tant que l'acheteur ne les a pas possédées
matériellement, a son origine et sa seule raison d'être
dans la tradition. Rarement il est donné de constater,
par un exemple plus frappant et plus précis, le phénomène complexe et illogique des transformations juridiques. Tout d'abord la revendication est pour le vendeur,
le droit du propriétaire qui s'affirmait en lui tant que la
chose vendue n'avait pas été l'objet d'une translation
réelle. Avec la règle nouvelle du transfert de la propriété
par la convention, son droit eût dû disparaître ; il subsiste néanmoins et la revendication devient synonyme
de reprise de la possession. Le pouvoir de reprendre la
possession lui est enlevé à son tour et la revendication
eût dû s'évanouir une seconde fois. Mais voici au contraire qu'elle renaît sous un troisième droit, celui de
faire résoudre le contrat (1). Les principes ont changé
sans entraîner de conséquences pratiques ; ce sont, pour
ainsi dire, des causes sans effets, et le fait a subsisté,
immuable, toujours identique à lui-même. Le nom même

______

(1) Telle est bien la signification du terme — revendication — même
dans les législations qui, comme la législation espagnole ou néerlandaise,
ont conservé le principe que la propriété des meubles ne se transfère que
par la tradition. Les dispositions de ces deux lois ne laissent aucun doute
sur le caractère d'action résolutoire qu'elles assignent l'une et l'autre à la
revendication.

qui le désignait s'est perpétué, comme un signe éclatant de l'ironie des choses, le symbole visible de l'impuissance du législateur à modifier la coutume éternellement vivante. Ne nous alarmons donc pas de voir notre théorie contredite et démentie sur ce point particulier par la législation comparée. La seule conclusion à en tirer est que le principe d'extrême protection jadis reconnu au vendeur est partout au même moment de sa décadence. La lente évolution qui s'accomplit maintenant est loin d'être terminée et la revendication apparaît comme un dernier débris de l'ancien système protecteur destiné à disparaître un jour complètement des législations modernes.

Nous ne voudrions pas d'ailleurs qu'on exagérât notre pensée, et nous ne demandons nullement l'abrogation complète de l'action résolutoire. D'accord, cette fois, avec presque toutes les législations européennes (1), nous estimons qu'elle devrait subsister comme l'accompagnement nécessaire du droit de rétention et qu'elle devrait alors entraîner, au profit du vendeur, le droit de réclamer des dommages-intérêts.

Cette restriction n'a rien d'illogique et de contradictoire avec la solution précédente ; elle dérive de la différence de situation. Il n'y a aucune analogie entre le

____

(1) Il n'y a aucun doute sur l'exactitude de cette décision pour toutes les législations qui permettent même au vendeur revendiquant de réclamer les dommages-intérêts. On a vu que telle était également la doctrine actuelle de la jurisprudence belge. Mais nous ignorons le système suivi par les tribunaux italiens, hollandais et roumains.

vendeur qui a effectué la délivrance des marchandises et le vendeur qui en a retenu la possession.

Du moment, en effet, où le vendeur a consenti au dessaisissement, il s'en est remis uniquement à l'acheteur, il a suivi sa foi, il a volontairement couru les risques de son insolvabilité. — Mais tant qu'il ne s'est pas dessaisi, tant qu'il n'a pas livré les marchandises, il n'a pas témoigné la même confiance. A vrai dire, il ne s'est pas encore décidé à devenir un créancier au sens exact du mot ; ou si l'on aime mieux, il n'est encore qu'un créancier imparfait ; le crédit qu'il a accordé à l'acheteur est en quelque sorte diminué de toute la valeur du droit réel qu'il a conservé. Il doit dès lors être assimilé non aux simples créanciers chirographaires, mais à tous ceux qui ont eu la prudence d'exiger des garanties spéciales.

Telles sont les critiques que nous avons cru devoir adresser au système consacré par la loi de 1838. En lui faisant subir les corrections que nous avons indiquées, on arriverait à la suppression de l'article 576 et les principes généraux du droit suffiraient désormais à faire reconnaître au vendeur rétenteur le droit d'intenter l'action résolutoire et de réclamer des dommages-intérêts. Grâce à cette modification, les distinctions artificielles et arbitraires disparaîtraient de cette réglementation si importante des droits du vendeur, pour faire place à une distinction simple, naturelle et logique, la distinction basée sur la différence de situation de fait du vendeur avant et après la délivrance des marchandises.

Sans doute cette réforme, nous la voudrions plus complète encore et plus générale, elle devrait être étendue à la déconfiture comme à la faillite. On a déjà fait observer combien il serait souhaitable qu'il n'y eût pas deux manières différentes de régler les droits des créanciers au moment de la liquidation du patrimoine d'un débiteur malheureux. Mais les cadres étroits de cette modeste étude ne nous permettent pas d'insister sur les avantages et les bienfaits d'une procédure unique. Il nous suffit d'indiquer ici les conclusions auxquelles nous a conduit un examen très restreint de la loi commerciale, et de signaler les derniers progrès que nous espérons voir se réaliser un jour.

TABLE DES MATIÈRES

DROIT ROMAIN

DROIT FRANÇAIS

POSITIONS

DROIT ROMAIN.

I. — Les jurisconsultes romains n'étaient pas d'accord sur la manière de fixer le point de départ du délai de 2 ans pendant lequel les *sponsores* et les *fidepromissores* étaient tenus.

II. — La loi 25, D. XLVI, I, *De Fidej.* se réfère à l'hypothèse de l'engagement d'un *sponsor* ou d'un *fidepromissor*.

III. — En cas de *durior causa re*, l'obligation du fidéjusseur était nulle et non pas seulement réductible.

IV. — Quand l'obligation du fidéjusseur excédait le taux fixé par la loi *Cornelia*, elle était frappée de nullité.

DROIT CIVIL.

I. — L'époux divorcé ne doit pas d'aliments aux parents de son ancien conjoint, en vertu de l'article 206 du Code civil.

II. — La constitution de dot faite au mari ou à la femme doit être considérée, soit vis-à-vis de l'époux donataire, soit vis-à-vis de l'autre époux, quel qu'il soit, comme un acte à titre gratuit.

III. — La femme ne peut insérer dans son contrat de mariage des clauses qui tendent à diminuer ou à anéantir complètement sa capacité de s'obliger.

IV. — La femme ne peut, par contrat de mariage, frapper d'inaliénabilité les biens dont elle se réserve l'administration.

DROIT COMMERCIAL.

I. — Le commissionnaire, qui a acheté en son nom personnel et a payé le prix au vendeur, peut exercer les droits et actions de ce dernier contre la faillite du commettant.

II. — L'article 550 ne se réfère qu'au vendeur de marchandises.

III. — Est nulle la clause par laquelle le vendeur conserve la propriété des marchandises et se réserve le droit de les revendiquer en cas de faillite de l'acheteur.

IV. — Le droit de rétention ne permet pas au vendeur de faire vendre les marchandises et de se faire payer par préférence sur le prix de la vente.

V. — Pour que le gage constitué sur les marchandises par l'acheteur puisse être opposé au vendeur conformément à l'article 576, il ne suffit pas que les formalités de l'article 92 aient été observées, mais encore celles prescrites par l'article 576.

VI. — Le vendeur de marchandises non payé, qui exerce le droit de rétention en vertu de l'article 577 du Code de commerce, ne peut, en cas de résolution du contrat, produire à la faillite pour des dommages-intérêts.

VII. — Un jugement déclaratif de faillite peut être rétracté par la voie de l'appel, lorsque, dans les délais de l'appel, le débiteur a désintéressé tous ses créanciers.

DROIT INTERNATIONAL.

I. — Une femme française séparée de corps ne peut se faire naturaliser en pays étranger sans l'autorisation de son mari.

II. — Lorsque des époux étrangers ont contracté mariage sous l'empire d'une législation qui ne permet que la séparation de corps, le mari peut, après sa naturalisation en France, être admis à demander le divorce.

DROIT CONSTITUTIONNEL.

I. — Dans un pays soumis au régime parlementaire, le pouvoir législatif doit appartenir à deux assemblées distinctes dont le mode d'élection soit différent.

II. — Le chef du pouvoir exécutif doit être élu par le Parlement ; il ne peut être nommé directement par la nation.

DROIT CRIMINEL.

I. — Les démarches faites par un journaliste auprès des jurés pour connaître leur opinion sur l'une des affaires de la session où ils doivent siéger, constituent le délit d'outrage aux magistrats, et, comme telles, tombent sous l'application de l'article 222 du Code pénal.

II. — L'article 378 du Code pénal punit la révélation du secret professionnel indépendamment de toute intention de nuire.

III. — Le fait pour un accusé de substituer le nom d'un tiers à son nom véritable constitue le crime de faux prévu et puni par l'article 147 du Code pénal.

Vu : Lille, le 8 mars 1891,
Le Président de la thèse,
L. LACOUR.

Vu : le 9 mars 1891,
Le Doyen de la Faculté,
DRUMEL.

Vu et permis d'imprimer :
Lille, le 10 mars 1891,
Le Recteur de l'Académie,
BARY.

Imp. G. Saint-Aubin et Thevenot, Saint-Dizier (Haute-Marne), 30, Passage Verdeau, Paris.